Ulrike Scheuermann

Self Care
Du bist wertvoll

Das Selbstfürsorge-Programm

Besuchen Sie uns im Internet:
www.knaur-balance.de

Originalausgabe 2019
© 2019 Knaur Verlag
Ein Imprint der Verlagsgruppe
Droemer Knaur GmbH & Co. KG, München.
Redaktion: Anke Schenker
Covergestaltung: Alexandra Dohse, www.grafikkiosk.de
Coverabbildung: ©Zamurovic Photography/Shutterstock.com
Abbildungen im Innenteil: Shutterstock.com
Satz: atelier-sanna.com, München
Druck und Bindung: Print Consult GmbH, München
Printed in Slovakia
ISBN 978-3-426-67571-7

6 5 4 3 2

INHALT

Inmitten all der Anforderungen
und Verausgabung,
der Selbstzweifel und Unzulänglichkeiten,
der Sorgen und Ängste gibt es einen Ort,
den du aufsuchen kannst,
und sei es nur für ein paar Sekunden.
Du kennst den Ort.
Er ist in dir.

ES IST ZEIT

Die Leute posten Krokusfotos auf Facebook und sind fröhlich an diesem hellen Frühlingstag. Maria nicht. Seit bald einem Jahr arbeitet sie sieben Tage pro Woche, mit so vielen Wochenstunden, dass sie es lieber nicht erzählt. Und niemand merkt, dass es ihr dabei schlecht geht. Nicht ihre Kolleginnen und Kunden, da funktioniert sie gut. Auch privat redet sie kaum noch darüber, denn sie will nicht jammern. Wenn Sachen schiefgehen, beschimpft sie sich selbst, und nach unruhigen Nächten liegt sie ab vier oder fünf Uhr wach.

An dem Frühlingsmorgen mit den Krokusfotos liest Maria in einem Zeitungsartikel, »morgendliches Früherwachen« sei ein Symptom von Depression. In diesem Moment fühlt sie ein inneres Aufrichten, und sie weiß mit einem Mal: *So* wird sie nicht mehr weitermachen. Es geht jetzt nicht mehr um Durchhalten und Funktionieren.

Es ist Zeit.

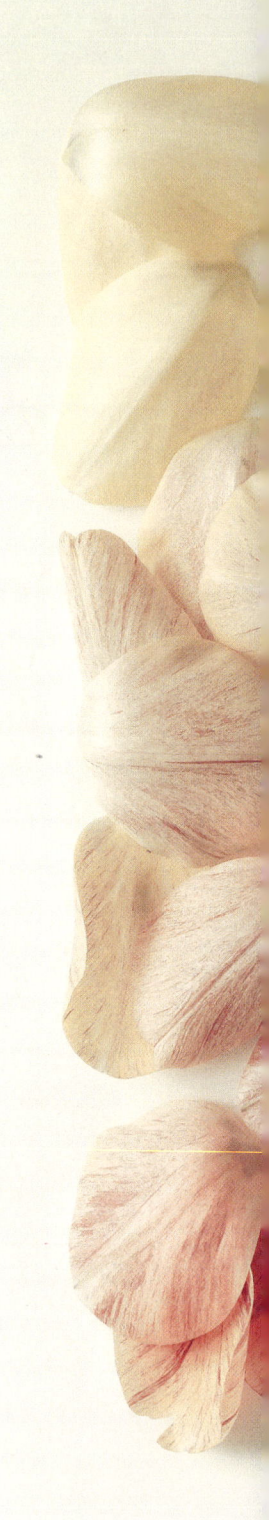

DEIN WEG ZU DIR SELBST

Wenn du wie Maria merkst, dass es Zeit ist, wieder – oder zum ersten Mal wirklich – für dich selbst zu sorgen, so ist es wohl kein Zufall, dass du mein Buch liest. Vielleicht wünschst du dir neue Impulse für ein starkes, gesundes Leben mit stabilem Selbstwert. Und du merkst, dass bei dir etwas nicht mehr in Balance ist, möglicherweise sogar schon seit Längerem: Fühlst du dich zu oft erschöpft, überfordert, verausgabt? Schon länger wie ausgebrannt, mit dem Gefühl, nur noch von einer Anforderung zum nächsten Stress zu rennen? Gehst du über deine Kraftgrenzen, immer wieder? Schläfst du regelmäßig weniger als acht, sogar nur fünf oder sechs Stunden? Vielleicht geht dir die Freude in deinem Leben und am Zusammensein mit anderen Menschen verloren und du vergisst über alldem, was du für andere tust, was du selbst brauchst, um erfüllt und mit voller Kraft zu leben. Nun, damit bist du wahrlich nicht allein.

Die Geschwister Selbstwert und Selbstfürsorge

Maria steht für die unzähligen Menschen, die mir bei Vorträgen, in meiner *esencia Akademie* und im Privaten begegnen. Es sind Vielbeschäftigte und HochleisterInnen, die etwas gestalten, erreichen und bewirken wollen. Sie sind anspruchsvoll, an erster Stelle mit sich selbst. Sie arbeiten und leben grundsätzlich mit Sinn und Zielen, sorgen auch für die Menschen um sich. Das klingt alles ganz gut – wenn nicht alles so viel wäre, wenn sie nicht so erschöpft wären, wenn sie doch mehr Zeit für sich hätten. Und da zeigt sich der Zusammenhang zwischen Selbstfürsorge und Selbstwert.

In der neueren psychologischen Literatur sind Selbstfürsorge und Selbstmitgefühl zentral, um den Selbstwert von innen zu stärken und zu stabilisieren.[1] Wir können lernen, besser für uns zu sorgen – und uns daraus folgend wertvoller fühlen; wenn du dir zum Beispiel Pausen gönnst, obwohl noch nicht alles erledigt ist, fühlst du deinen Wert plötzlich stärker. Und das geht ebenso umgekehrt, denn Selbstwert und Selbstfürsorge sind Geschwister, die ihren Weg gemeinsam gehen: Wenn du dich wertvoll fühlst, bist du es dir wert, dich nicht zu überfordern und sorgsam mit dir zu sein; wenn du dich selbst liebst, kannst du andere Menschen lieben; wenn du deinen Wert fühlst, bist du verbunden und schaffst Wert für die Welt. In beiden Wegrichtungen stehst du für dich ein, stärkst deine Lebensenergie und erstrahlst. Immer mehr.

Ich habe eine Vision für dich: Wie wäre es, emotional ausgeglichen und heller gestimmt durch den Tag zu gehen? So richtig gut ausgeschlafen nach ungefähr acht Stunden Schlaf? Dich wieder wichtiger zu nehmen und dir Zeit nur für dich selbst einzuräumen? Dich wohl in deinem Körper zu fühlen? Das Zusammensein mit anderen Menschen zu genießen und dich aufgehoben und angenommen zu fühlen? Wie wäre es, auch während Durststrecken aus deinem Inneren neue Kraft zu schöpfen? Kreativ, klar und fokussiert zu denken? Mit voller Kraft nicht nur Pflichtaufgaben, sondern auch Dinge zu tun, die dir tief am Herzen liegen? Das könnte eine gute Vorstellung sein, oder? Und es ist viel mehr als das.

Self Care als Lebenshaltung

Wenn wir *nicht* gut für uns sorgen, brennen wir irgendwann aus, werden krank, aggressiv oder depressiv und verlieren den Kontakt zu uns selbst und unserem Lebenssinn. Wenn wir zum Beispiel nicht mit voller Kraft Grenzen setzen, frisst das überfüllte Leben uns die Zeit weg, die wir auch gut für uns selbst gebrauchen könnten. Wenn wir uns nicht entscheiden, ertrinken wir in der Menge der Aufgaben. Damit ist Self Care existenziell. Und wohl heute wichtiger denn je. Self Care ist keine trendige Modeerscheinung, die in zwei Jahren wieder vergessen ist. Self Care ist eine Lebenshaltung. Und möglicherweise sogar *der* Selbstentwicklungsschlüssel in unserer heutigen beschleunigten, reizüberflutenden, überfordernden Welt. Deshalb habe ich dieses Self-Care-Konzept entwickelt.

> ➤ *Self Care ist eine Lebenshaltung und sogar DER Selbstentwicklungsschlüssel in unserer reizüberflutenden und überfordernden Welt.*

Überall treffe ich auf Menschen, die sich aufreiben zwischen einem Hochleistungsjob oder zwei Teilzeitjobs, einer Unternehmensführung mit »selbst- und-ständig«, mit Kinderbetreuung, Haushalt, Ehrenamt und der Sorge für die hilfsbedürftigen Eltern. Und dann wird noch der alte Vater ernsthaft krank, die Geschwister wohnen weit weg, und man liebt doch seine Eltern. Wie soll das gehen, wenn Immer-weiter-Machen die einzige Option zu sein scheint?

Es geht nicht. Kurzfristig vielleicht schon – oder jung und mit frischen Kräften. Auf Dauer und über viele Jahre wird es immer schlechter gehen. Irgendwann kann der Körper nicht mehr, will unser Geist nicht mehr, wird unsere Seele krank. Wenn wir das rechtzeitig merken, umso besser. Maria, von der ich eingangs erzählte, hat sich innerlich aufgerichtet, als sie ahnte, dass sie in eine Depression mit Krankheitswert schlitterte: »Es ist Zeit.«

Auch die eigenen Kinder können ein Anlass sein zu realisieren, dass es Zeit ist, gut für sich zu sorgen. Unsere Töchter und Söhne lernen durch das Vorbild ihrer Eltern, sich mit ihrer Würde und ihrem Wert wichtig zu nehmen. Sie lernen so auch, dass es richtig ist, für sich einzustehen und zum Beispiel keine Grenzverletzungen zu dulden.

Wenn wir den Ausstieg aus dem »Immer-Weiter« nicht finden, übernimmt manchmal etwas anderes die Führung – das Leben, das Schicksal. Eine Krankheit, ein Unglück, eine Krise treten ins Leben. Das zwingt uns innezuhalten. Und damit führt uns die Krise in das hinein, was wir vermeiden wollten: Wir müssen aussteigen, ausruhen, uns erholen. Krankheiten können genau diese Funktion haben.

Nun, *nicht* gut für sich zu sorgen, ist nichts Ungewöhnliches. Wir haben wohl alle damit zu tun, auch gestandene Psychologinnen wie ich. Der Anspruch, ständig perfekt für sich zu sorgen, wäre viel zu hoch – und macht zusätzlich Druck. Den Druck haben wir aber alle schon genug im Leben, und ich will ihn hier bestimmt nicht erzeugen. Das Funktionieren ohne gute Selbstfürsorge kann in einer Lebensphase auch mal okay sein, vor allem wenn sie im Lebensplan sinnvoll ist. Eltern kleiner Kinder vernachlässigen sich zum Beispiel oft ein paar Jahre lang. Man sieht manche mit schlabbriger Kleidung und verstrubbelten Haaren, blass und übermüdet zwischen Spielplatz und Kita umherwandern, oder sie sind zumindest innerlich mit ihrer Aufmerksamkeit voll bei den Kindern. Es gibt eine Aufgabe, und für eine gewisse Zeit kann das so in Ordnung sein.

Doch irgendwann kommen wieder andere Zeiten. Maria hat es gemerkt. Du hast es gemerkt. Und das Gute im Schwierigen ist: Wir können jeden schwierigen Zustand als Anlass für persönliche Entwicklung nutzen. Jetzt, mit diesem Buch in der Hand, ist diese Zeit gekommen.

Bewusst werden, der erste Schritt

Self-Care-Check

Gibt es in deinem Leben ...

* Momente der Lebensfreude und friedlicher Stimmungen?
* einen freundlichen Kontakt mit deinem Körper?
* genug Schlaf, also ungefähr acht Stunden?
* die Freiheit, Ja oder Nein zu sagen und selbst zu bestimmen, was du tust oder lässt?
* bewusste Zeit für dich selbst, zumindest ein paar Minuten?
* die Bereitschaft, freigiebig und bedingungslos zu lieben?
* ein Gefühl der Verbundenheit mit anderen Menschen?
* das Gefühl, wertvoll und wichtig zu sein, auch ohne etwas dafür zu leisten?
* die Gewissheit, dass dein Leben einen Sinn hat?

Konntest du eine oder mehrere Fragen bejahen? Das ist schon mal gut. Und ein schöner Anlass, hier weiterzulesen, denn ich weiß, da geht noch viel mehr. Du fängst mit diesem Buch schließlich gerade erst an. Konntest du zu keiner Frage Ja sagen? Dann ist es ganz sicher Zeit für mehr Self Care. Und die beginnt im ersten Schritt immer mit bewusster Selbstwahrnehmung: Wir kommen dadurch in Kontakt mit uns selbst, können herausfinden, was wir gerade brauchen, und nehmen uns ein paar Sekunden Zeit für uns – all das führt zu Self Care und ist zugleich schon Self Care.

Dazu kannst du hier kurz einmal auf die Fragen antworten – hier wie bei allen weiteren Übungen am besten immer mit dem ersten Impuls, der dir in den Sinn kommt, damit du Signale aus dem Unbewussten ungefiltert dabeihast:

Selbstwahrnehmung

Wo sind meine Gedanken?

_____

Welche Emotion ist da?

_____

Was sagt dein Körper?

_____

Die drei Fragen decken die wichtigsten Bereiche deines Selbst ab und sind gut geeignet, um sie dir tagsüber immer mal wieder zu stellen. Sie begegnen dir auch am Ende jedes Kapitels. Diese Selbstwahrnehmung dient dir als Grundlage, um im zweiten Schritt herauszufinden, ob und was du tun willst und kannst, um gut für dich zu sorgen. Der dritte Schritt: Tun. Und spätestens da wird es oft schwierig.

Sehr viele Menschen rennen weiter durch ihr Leben, weil sie unbewusst genau wissen, dass sie – würden sie ihren Zustand ernst nehmen – Konsequenzen ziehen müssten, auch weniger leichte: Nein sagen zur nächsten Karriereoption im Job, einen Heimplatz für die demente Mutter suchen, die Kinder an den Samstagen zur Tante bringen. Und vor diesen Konsequenzen scheuen sie zurück. Das ist ziemlich normal. Doch es muss nicht so bleiben. Denn immer dann, wenn wir trotz guter Vorsätze nicht gut für uns sorgen, können wir herausfinden, was uns auf einer tieferen Ebene an der Selbstfürsorge hindert.

Tiefe Self Care

Hast du dir schon mal vorgenommen, jeden zweiten Tag Sport zu treiben, und das Vorhaben nach zwei Wochen wieder verworfen? Suchst du Antworten in der Meditation und merkst, dass du die Ruhe dafür nicht findest? Oft gibt es eine erste Begeisterung, aber bald lässt die Motivation nach, und die Vorsätze geraten in Vergessenheit. Um zu dauerhafter Self Care mit Liebe und Verantwortung für dich selbst zu gelangen, kann es sein, dass du deinem tiefsten Schmerz begegnen musst, der dich bisher von deiner Selbstfürsorge abgehalten hat: Vielleicht erinnerst du dich daran, dass du als Kind selbst vernachlässigt wurdest und deshalb nie gelernt hast, gut für dich zu sorgen. Oder du realisierst, dass du dich jahrelang unnötig für andere aufgeopfert hast – sie hätten es auch ohne dich geschafft, vielleicht sogar besser.

Erst wenn du solch schmerzlichen Tatsachen ins Auge blickst, kannst du hindurch- und darüber hinausgehen. Dazu gehört eine annehmende Haltung mit dem Grundgedanken: Wenn wir Unliebsames wegdrängen, gewinnt es an Kraft. Was wir bekämpfen, wird stärker. Wenn wir dagegen hinsehen und annehmen, verbrauchen wir unsere Energie nicht mehr für die Abwehr.

> » *Wenn wir Unliebsames wegdrängen, gewinnt es an Kraft. Was wir bekämpfen, wird stärker.*

Viele Menschen sind durchgehend mit dieser Abwehr beschäftigt: Arbeiten, Essen, Trinken, Rauchen, Shoppen, Social-Media-Surfen, Vielreden. All das kann eine Abwehrstrategie sein, um wegzudrängen, was dahinterliegt: seelische Schmerzen, Angst, Einsamkeit, das Gefühl von Leere. Solange dieses Dahinterliegende im Unbewussten existiert, kannst du dir mit dem Verstand noch so viel vornehmen: »weniger arbeiten«, »täglich meditieren« oder »keinen Zucker mehr essen«. Das kennst du vielleicht vom Thema »Rauchen«: Jemand hört mit dem Rauchen auf und isst jetzt viel mehr als vorher. Warum? Weil das Problem im Hintergrund weiterbesteht. Das Unbewusste ist stärker, wir sollten es also miteinbeziehen, und dafür lernst du in diesem Buch pragmatische Wege kennen.

Nachhaltige Entwicklung
ohne Disziplin

Zum Glück gibt es heute moderne psychologische Methoden, die an dem Ort ansetzen, an dem emotionale Blockaden entstehen und von dem aus sie wirken: im Unbewussten. Wir können dort nachhaltig etwas verändern, ohne Disziplin und Durchhalten. In meiner Arbeit nimmt das eine wichtige Rolle ein. Die energiepsychologischen Methoden etwa setzen dort an. Mit einer dieser Methoden – Logosynthese® – arbeite ich seit 2008. Ich stelle sie dir in einigen Übungen vor, sodass du damit experimentieren kannst. Ebenso findest du weitere jahrzehntelang erprobte Übungen, zum Beispiel aus der Aufstellungsarbeit, dem Achtsamkeitstraining und meinem Schreibdenken-Konzept.

Ich stehe mit meiner Arbeit generell für einen sanften und nachhaltigen Weg der persönlichen Entwicklung. Es sollte kein zusätzlicher Stress durch den Weg entstehen. Das passt auch nicht zu Self Care. Es darf leicht und mit Freude gehen und nicht in erster Linie mit bewusster Willenskraft und Training, die beide eben schwer durchzuhalten sind. Sonst ist man irgendwann frustriert und beschuldigt wahlweise sich selbst oder die Therapeutin, den Trainer oder auch die Buchautorin dafür, dass es nicht klappt.

Es geht ja auch nicht um die »richtige«, die perfekte Self Care, bei der du irgendwann über die Ziellinie läufst. Self Care ist eine Reise, und ich möchte dich dazu anregen, auf deinem Weg eine neue Richtung einzuschlagen, auf dem du mehr Self Care zulässt und diesen Weg mit der Zeit immer leichter gehst. Selbst wenn du nur die eine oder andere Übung, vielleicht auch nur aus einem der sieben Felder umsetzt, sorgst du damit für dich, und es kann ein entscheidender Impuls für eine neue Ausrichtung sein.

Und es kann zudem immer sein, dass du etwas anderes brauchst, wenngleich du hier hochwirksame Herangehensweisen ausprobierst. Zeitpunkt, Methoden oder Setting passen vielleicht gerade nicht für dich; es könnte zum Beispiel sein, dass eine persönliche Begleitung wichtig für dich ist. Dann solltest du dir nicht die Schuld für ein »Misslingen« geben.

Schreibdenken im Self-Care-Journal

Ich habe in den zurückliegenden zwanzig Jahren einen Ansatz für persönliches Wachstum durch inspiriertes Schreiben entwickelt: »Schreibdenken«. Dabei nutzt man das Schreiben als Denk-, Lern- und Fühlwerkzeug. Schreibdenken kann dich – wissenschaftlich nachgewiesen – bei deiner Entfaltung großartig unterstützen, und ich möchte dir deshalb schon hier ein *Self-Care-Journal* ans Herz legen. Das ist ein Buch zum Hineinschreiben, begleitend zu dem Buch, das du gerade in der Hand hältst. Hier ist der Platz begrenzt – in deinem Journal dagegen ist so viel Platz, wie du brauchst. Du kannst unter mehreren Möglichkeiten wählen: Ich habe ein eigens dafür konzipiertes, schön gestaltetes Self-Care-Journal entworfen. Du erhältst es auf der Website zum Buch: www.selfcare-programm.de.

Weitere Möglichkeiten sind jedes Notizbuch, am besten in deiner Lieblingsfarbe, oder auch lose Blätter, in einem schönen Ordner gesammelt. Ebenso geht ein digitales Notizbuch, wenn das für dich nicht zu sehr nach Arbeit »riecht«. Ich mache die Erfahrung, dass mit Papier und Stift mehr möglich ist: Die Schreibtätigkeit ist dann sinnlicher, und du kannst schnell mal etwas kritzeln, skizzieren, Farbstifte einsetzen und die Seiten mit wenig Aufwand eigenwillig gestalten. Dass handschriftliches Schreiben die Kreativität, Vorstellungskraft und das Erinnerungsvermögen fördert, ist ohnehin wissenschaftlich belegt. Zudem gilt mit Stift und Papier zu schreiben heute als sinnlicher Luxus. So kann etwa ein Füller mit einer guten Feder ein »Füllerfeeling« erzeugen, über das man sich jedes Mal von Neuem freut.

 Handschriftliches Schreiben mit Stift und Papier fördert die Vorstellungskraft und Kreativität und gilt heute als sinnlicher Luxus.

Das Self-Care-Journal kann deine Entwicklung entscheidend beflügeln. Es ist wie eine Person, die du jeden Tag triffst, um dich ein wenig zu unterhalten. Probiere es ein paar Wochen lang aus – du wirst dich bald jeden Tag darauf freuen.

Körper, Psyche, Essenz

Ich bin Psychologin, doch es wird hier nicht nur um psychologische Ansätze gehen. Ich denke und arbeite ganzheitlich. Das hat seine Hintergründe. Ich habe auch Medizin studiert. Damals war mein Leitsatz »Gesundbleiben statt Gesundmachen«, den ich schließlich lieber als Psychologin verfolgen wollte. Nach Abschluss des Grundstudiums der Medizin wechselte ich zur Psychologie. Doch mein Herz schlägt nach wie vor *auch* für die Medizin. Und für noch mehr. Denn neben Körper und Psyche gehört eine dritte Ebene zu uns: die Essenz, das heißt unser wahres Selbst mit unserem persönlichen Sinn. Die immense Bedeutung dieser Ebene für ein gesundes, selbstwertvolles und selbstfürsorglich gelebtes Leben ist mir mit den Jahren immer bewusster geworden.

Heute verbinde ich alle drei Ebenen – Körper, Psyche, Essenz – in meinem Self-Care-Konzept. Ich kombiniere Forschungsergebnisse aus Medizin und Psychologie mit philosophischen Ansätzen und bodenständiger Spiritualität zu einem neuartigen Lebensstil, der dir vieles ermöglichen kann: deine Blockaden aus dem Weg räumen und gut für dich sorgen, Erschöpfung, Depression und Burn-out überwinden und zu stabilem Selbstwert, gestärkter Lebensenergie und Gelassenheit finden sowie mit deiner ganz eigenen Schönheit erblühen.

Die 7 Felder der Self Care

Self Care gehört an jeden Ort, in jede Lebenssituation. Mit meinem Selbstfürsorge-Programm mit den sieben Feldern der Self Care kann das gelingen. Ich möchte dich dazu unmittelbar in deinem Alltag ermutigen, auch ohne Sabbatical oder Meditationswoche im Kloster.

Das Selbstfürsorge-Programm

Ich gebe dir eine Landkarte mit den sieben Feldern. Sie sind weit, nicht hierarchisch, und es gibt keine spezifische Reihenfolge. Neben Impulsen zum Nachdenken und Hintergrundwissen, zum Beispiel zu medizinischen und psychologischen Forschungsergebnissen, kannst du meine Übungen ausprobieren – ohne festgelegten Ablauf und ohne »Muss«: Ich mache dir Angebote, aber du findest deinen eigenen Weg. Es gibt niemanden, der oder die besser weiß als du, was jetzt gut für dich ist. Am Ende des Buches findest du eine kleine Übungsauswahl, die sich gut für jeden Tag eignet, sowie eine Übersicht aller Übungen.

Wenn du merkst, dass du bei dem einen oder anderen Feld tiefergehen und dich intensiver darin entwickeln willst, dann melde dich bei mir. In meiner *esencia Akademie* kannst du dich über meine CrossMedia-Programme zur Persönlichkeitsentwicklung informieren: www.ulrike-scheuermann.de.

In meinen rund 25 Jahren als Psychologin habe ich unzählige Menschen begleitet: Menschen, die damals zu uns in den Berliner Krisendienst kamen, und später alle, die im Coaching oder an meinen CrossMedia-Programmen live und online teilnahmen. Wenn ich von ihnen erzähle, habe ich sie komplett anonymisiert und anders benannt, sodass du nie eine reale Person erkennen wirst, selbst wenn du glaubst, es wäre so. So können sich meine Teilnehmenden bei mir sicher fühlen und sind mit ihren Persönlichkeitsrechten geschützt, und du brauchst gar nicht erst zu überlegen, ob du jemanden erkennst.

Auf der Website zum Buch findest du immer das Aktuellste, Empfehlungen für Bücher, Videos und andere Begleitmaterialien, einzelne Übungen als Audiodateien und weitere praktische Umsetzungshilfen zum Herunterladen oder Bestellen: www.selfcare-programm.de.

Die 7 Felder im Überblick

1 **DEINEN KÖRPER LIEBEN:** Die liebevolle Beziehung zu unserem Körper ist unser Fundament. Wir haben damit den besten Kompass, zum Beispiel für unsere Grenzen: »Was ist zu viel?« – dein Körper, dein Guide.

2 **DEINE GEFÜHLE HEGEN:** Manchmal sind wir regelrecht durchgeschüttelt von Emotionen wie Angst, Ärger oder Trauer. Du lernst einen neuen Umgang und hochwirksame Möglichkeiten zur Stimmungsaufhellung kennen und kannst ausgeglichener, ruhiger und gelassener werden.

3 **ERHOLSAM VIEL SCHLAFEN:** Wirklich ausgeschlafen zu sein kann alles verändern und ist Self Care pur. Wir regenerieren dabei körperlich und geistig und sind emotional ausgeglichener. Und deutlich produktiver.

4 **DEINEN RAUM GESTALTEN:** Wir können unseren Raum fürsorglich gestalten: mit uns allein, zu Hause, bei der Arbeit und in der Natur. Und jeder Raum hat Grenzen, die es zu achten gilt.

5 **DEINE VERBUNDENHEIT STÄRKEN:** Wir sind keine Einzelwesen. Ein gutes Leben besteht aus guten Beziehungen. Die Basis dafür sind die starke Verbindung zu uns selbst und die umfassende Selbstliebe, um auch andere immer umfassender zu lieben.

6 **DEINE GEDANKEN BEFREIEN:** Unsere Gedanken können uns unser Leben lang einschränken, Angst machen und kleinhalten. Oder uns innerlich frei werden lassen, um aus allem zu lernen, was das Leben uns bringt.

7 **DEINE SEELE ENTFALTEN:** Jenseits von Körper und Psyche gehört eine weitere Ebene zu uns, die oft vernachlässigt wird. Wenn wir unsere Seele entfalten, leben wir das richtige – unser – Leben.

Fokus »Essenz«

Ich möchte dich mit diesem Buch in ein kraftvolles, freies Leben hineinführen. Mit 25 Jahren psychologischer Arbeit ist »Self Care« mein Beitrag für eine Welt, in der immer mehr innere Freiheit, Sorge und Liebe füreinander möglich werden. Der Weg führt aus der Flut der Anforderungen und aus der Verausgabung immer mehr hin zu dir selbst.

Die Grundidee lautet: »Weniger ist mehr.« Weniger Konsum. Weniger Verausgabung. Weniger Ja-Sagen, wenn du Nein meinst. Weniger innere Einschränkungen durch Glaubenssätze und belastende Einflüsse aus Vergangenheit und Zukunft. Du bist es dir wert, dich auf das *für dich* Wesentliche zu konzentrieren. Dazu gehört die Selbstbegrenzung mit einem »Genug«-Gefühl: Von einer langen Liste, was du fürs Glücklichsein brauchst, kommst du zu wenigen Dingen. Von hundert To-dos zu der einen, wichtigsten Aufgabe für die nächste Stunde. Von verstreuten Zielen zu deiner Lebensaufgabe. Reduzieren auf das Wesentliche. Fokussieren auf die Essenz. Darum geht es.

 » *Reduzieren auf das Wesentliche.*
Fokussieren auf die Essenz.

Sorge für dich, denn du bist so unendlich wertvoll!
Es ist mir eine Ehre und Freude, dich dabei zu begleiten.

Ulrike, im November 2018

Nimm einen tiefen Atemzug:
Wo sind meine Gedanken?
Welche Emotion ist da?
Was sagt mein Körper?

1
DEINEN
KÖRPER
LIEBEN

Die liebevolle Beziehung zu unserem Körper ist unser Fundament. Wir haben mit einer sicheren und respektvollen Körperwahrnehmung den besten Kompass, zum Beispiel für unsere Grenzen: »Was ist zu viel?« – dein Körper, dein Guide. Und außerdem: Wenn wir unseren Körper lieben, ist das eine ständige Quelle von Freude und Wohlgefühl. Dann wohnen wir in uns, mit einem stabilen Körperselbstwert.

Im Kontakt mit deinem Körper

Manchmal blenden wir das Gefühl für den eigenen Körper und seine Bedürfnisse aus. Es kann zum Beispiel sein, dass wir Erschöpfung und Müdigkeit nicht spüren, damit wir weiterarbeiten können. Was nicht sein soll, fühlen wir dann nicht. Eine Seminarteilnehmerin, die ich hier Doreen nenne, sagte nach der »Pulsatmen«-Übung, die ich dir gleich vorstelle: »Mir tut alles weh«. Manche Teilnehmenden im Seminarraum nicken, sie kennen das. Doreen ergänzt: »Das auch hier zu merken, ist ein Fortschritt für mich. Sonst spüre ich so was nur alle paar Monate. Dann liege ich an einem Wochenende im Bett und kann mich kaum bewegen. Montagfrüh bin ich wieder fit für die Arbeit.« Ich frage sie: »Was wäre, wenn du deine körperliche Erschöpfung sofort merken …?« Doreen fällt mir ins Wort: »Ich weiß es genau. Dann müsste ich notgedrungen weniger arbeiten. Aber ich will doch alles schaffen, was ich mir vornehme!« Später im Seminar zieht sie ihr Resümee: »Um störungsfrei zu funktionieren, habe ich bisher mein Körpergefühl ausgeschaltet. Dabei kann mir mein Körper helfen, besser auf mich aufzupassen.« Wie recht Doreen hat! Unser Körper zeigt uns unsere Potenziale und Kraftgrenzen – *wenn* wir uns entscheiden, auf ihn zu hören.

 Unser Körper zeigt uns unsere Potenziale und Kraftgrenzen – wenn wir uns entscheiden, auf ihn zu hören.

Atem und Puls – unsere Verbündeten

Für den Kontakt zu unserem Körper gibt es zwei wunderbare Mittler, die wir in jeder Sekunde fragen können: Puls und Atem. Sie sind unsere ewigen Begleiter durchs Leben. Ich habe die Übung »Pulsatmen« entwickelt, die auch Doreen im Seminar ausprobiert hatte, weil du über die Wahrnehmung von Puls und Atem in kürzester Zeit einen intensiven Körperkontakt herstellst. Jeder bewusst wahrgenommene Atemzug und Pulsschlag hilft dir, in deinem Körper anzukommen und vom Denken abzurücken. Dann *sind* wir Körper, und das sind wir sonst viel zu wenig.

Über Atem und Puls finden wir jederzeit Kontakt zu unserem Körper. Sie sind unsere ewigen Begleiter durchs Leben.

Außerdem kannst du durch den vertieften Atem dein vegetatives Nervensystem beruhigen, dich entspannen und regenerieren, indem du den Parasympathikus aktivierst, also den Teil deines Nervensystems, der für Entspannung zuständig ist.

Pulsatmen

Puls finden

Suche in deinem Körper nach deinem Puls. Wo spürst du ihn?

Es gibt viele Orte, wo du ihn finden kannst: in den Lippen, Fingerspitzen oder Zehen, in Brust oder Bauch, direkt beim Herzen, im ganzen Körper. Wenn du ihn nicht spürst, dann lege deine Hand an eine Stelle, wo eine Arterie oberflächlich verläuft, etwa an der Innenseite des Handgelenks, an den Schläfen oder seitlich am Hals bei der Halsschlagader. Mit etwas Übung spürst du deinen Puls mit der Zeit immer deutlicher.

Körper spüren

Spüre deinen Körper von den Zehenspitzen über die Körpermitte und die Fingerspitzen bis zum Scheitelpunkt, ohne zu bewerten:

- Wo fühlt es sich gut an? Wohlgefühl, Leichtigkeit, Entspanntheit?

- Wo fühlt sich etwas ungut an? Unwohlgefühl, Schmerz, Anspannung, Erschöpfung?

Atem beobachten

Wie fühlt es sich an, wenn dein Atem in den Brust- und Bauchraum einströmt?

_____

Wie fühlt sich die kurze Pause an, wenn der maximale Punkt des Einatmens erreicht ist – dieser Moment der Stille?

_____

Wie fühlt es sich an, wenn dein Atem wieder ausströmt?

_____

Wie fühlt sich die kurze Pause an, wenn der maximale Punkt des Ausatmens erreicht ist – der zweite Moment der Stille?

_____

Pulsatmen

Achte auf Puls und Atem und nimm beides zusammen wahr.
Vertiefe deinen Atem, indem du deine Pulsschläge in deinen Atemrhythmus einzählst. Zum Beispiel im Rhythmus »5 zu 6«:
  • Einatmen: 3 Pulsschläge – Einatempause: 2 Pulsschläge
  • Ausatmen: 5 Pulsschläge – Ausatempause: 1 Pulsschlag
Experimentiere mit dem Rhythmus, bis er für dich angenehm und beruhigend ist. Er könnte auch »2-1 – 4-1« oder »4-1 – 6-2« oder anders sein. Das Ausatmen sollte länger als das Einatmen sein – tiefes Ausatmen beruhigt.
Kehre wieder zu einem unbeeinflussten Atemrhythmus zurück, spüre dabei weiterhin deinen Puls.

Körperimpuls entdecken

Achte auf einen Körperimpuls: Was will dein Körper in diesem Moment?

_____

Weitermachen / Bewegen / Hinlegen / Nichtstun / Schlafen

> **»Pulsatmen« kurz gefasst:**
> Puls finden › Körper spüren › Atem beobachten › Pulsatmen:
> zum Beispiel im Rhythmus »3-2 – 5-1« › Körperimpuls entdecken

Wenn du das öfter am Tag für ein paar Sekunden oder eine Minute machst, tust du unglaublich viel für dich, und das in kürzester Zeit. Zum Beispiel bei Wartezeiten, die du sonst mit dem Blick ins Smartphone füllst. Oder auch in einem Job-Meeting mit etwas Leerlauf. Oder du kombinierst es wie Doreen mit einem Wecker. In einem Video-Meeting drei Wochen später erzählt sie, dass sie ihren Smartphone-Wecker dreimal täglich brummen lässt. »Ich verziehe mich auf die Toilette, mache eine Minute Pulsatmen und merke dann ziemlich deutlich meinen körperlichen Zustand. Bei Bedarf bleibe ich einfach länger. Erstaunlich, wie rasch man in ein paar Minuten regenerieren kann.«

Und du kannst die Übung – wie auch viele andere, die hier folgen – nach und nach zeitlich reduzieren. Das hat durch die Automatisierung die gleiche Wirkung. Dein Kontakt mit dir selbst wird immer tiefer gehend, und so findest du zu dem sicheren Sinn zurück, mit dem du weißt, was du gerade brauchst: zu deiner Körperweisheit.

Körperweisheit

Dein Körper ist der beste Guide für deine Self Care, wenn du ihn respektvoll befragst und feinsinnig auf seine Signale hörst. Er sagt dir in vielen Situationen, was das Richtige für dich ist, weil er Impulse aus deinem Unbewussten, und damit auch deine Intuition, ausdrücken kann: Das grummelige Gefühl im Bauch könnte auf eine Gefahr hindeuten, etwa eine bevorstehende falsche Entscheidung. Eine Unruhe in den Beinen zeigt dir, dass du das Gespräch mit dem Kollegen jetzt lieber beenden solltest. Eine Körperschwere signalisiert dir, dass es Zeit ist auszuruhen.

Dein Körper ist weise, weil er sein Leben lang Erfahrungen darüber gesammelt hat, was dir guttut. Doch oft wollen wir »noch rasch was erledigen«, obwohl wir längst merken, dass wir müde sind. Jemand sagt »Ja« zu einer Projektanfrage, weil er zeigen will, wie tough er ist – obwohl der Körper »Nein« schreit, weil er weiß, dass das Projekt nicht gut laufen wird.

Bauch oder Kopf?

Und es ist ja wirklich oft so schwer herauszufinden, was das Richtige ist! So ist es naheliegend, das mit dem Verstand zu klären: Wäre Joggen gerade eine gute Idee, um nach der Erkältung wieder fit zu werden? Wir informieren uns im Internet: Wie viele Tage nach einem Infekt darf man wieder Sport machen? Die Antworten können eine Orientierung geben, doch letztlich sagen sie nichts über unseren speziellen Fall. Das ist auch der Haken bei *Health Apps,* die die eigenen Daten zu Ernährung, Aktivität, Schlaf und Achtsamkeit sammeln und auswerten.

Marius leidet an einer chronischen Stoffwechselerkrankung. Er ernährt sich seit vielen Jahren sehr gesund und ausgewogen, geht fast jeden Tag im Wald laufen und dreimal pro Woche ins Fitnessstudio. Seine Health App erinnert ihn, wann es wieder Zeit zum Laufen, Schlafen, Meditieren, Trinken und Essen ist. Er schreibt nach ein paar Monaten in sein Self-Care-Journal: »Anfangs hatte es noch Spaß gemacht, mich an die Regeln zu halten. Ich bin Technik-Fan. Inzwischen nervt mich diese Regulierung: Wer weiß besser, was mir guttut? Diese App oder mein Körper?«

Es ist ein Dilemma: Einerseits helfen uns die vielen Informationen und Ratschläge im Internet sowie die Technik, auf uns zu achten und uns gesund zu verhalten. Andererseits ziehen sie den Fokus von unserer Körperweisheit weg, denn wir installieren damit eine äußere Instanz, die unsere Aufmerksamkeit bindet.

> **»** *Wer weiß besser, was uns guttut?*
> *Ernährungsratgeber, Fitnessprogramm,*
> *Gesundheits-App – oder unser Körper?*

Marius konzentriert sich im Lauf meines Self-Care-Programms bald immer feiner auf seine Körpersignale. »Ich spüre mich viel intensiver«, erzählt er in einem späteren Videomeeting. »Ich weiß wie von selbst, was ich will und brauche, das geht intuitiv. Und vor allem, was ich tun kann, um gesund zu werden. Meine Krankheit vergesse ich inzwischen immer öfter, weil die Symptome kaum noch da sind.« Diese Orientierung nach innen – auf unsere Körperweisheit – können wir auf viele Bereiche unseres Lebens anwenden. Zum Beispiel auf den Dauerbrenner »Ernährung«.

Manche Ernährungsregeln sind Hypes, die sich nach einigen Jahren wieder erledigen oder sogar als ungesund herausstellen. Bei der »Low-Fat«-Ernährung blieben zum Beispiel die mehrfach ungesättigten essenziellen Fettsäuren auf der Strecke, die unser Körper dringend braucht. Heute weiß man mehr und propagiert »Low-Carb«, und in zehn Jahren werden wiederum neueste Forschungsergebnisse viele heutige Regeln überholt haben. Auch kann dem einen schaden, was der anderen hilft. Solche Regeln mit Vorsicht zu genießen kann also ein gesunder Selbstschutz sein, und es kann dabei helfen, den Fokus auf die Körperbotschaften zu lenken. Man kann nach Literatur Ausschau halten, die ohne dogmatische Regeln oder bekehrerischen Duktus auskommt und nicht an einem einzigen aktuellen Hype ansetzt.[1]

Auf Körperbotschaften hören

Wenn du auf deine Körperbotschaften hörst, entwickelst du deine Körperweisheit und erkennst Erschöpfungsgrad, Regenerationsbedarf, Bedürfnisse und Kraftgrenzen. Das hat mit einer achtsamen Lebenshaltung zu tun, die inzwischen von vielen Menschen praktiziert wird. Du findest viele gute Bücher dazu.[2] Mit der Übung probierst du einen Perspektivenwechsel aus, der dein Mitgefühl mit deinem Körper stärkt und oft erstaunliche Erkenntnisse zutage fördert, gerade weil man so etwas sonst eher nicht macht. Wie immer kannst du das auch gut »im Geiste« durchdenken, anstatt zu schreiben.

Schlüpfe in die Rolle deines Körpers: mit einem Schreibsprint, bei dem du so schnell wie möglich, ohne innezuhalten, schreibst, oder im Geiste. Was würde dein Körper zu dir sagen, wenn er sprechen könnte? Du *bist* jetzt dein Körper:

- Wie geht es dir?

Ich bin erschöpft, ich kann nicht mehr. Hör endlich auf, nur die Ansprüche anderer zu erfüllen und mich zu vernachlässigen!

- Was brauchst du?

Mehr Ausruhen als früher, ich bin nicht mehr so fit wie mit 30, das ignorierst du ständig!

- Im Detail: Was brauchst du in Bezug auf Ernährungsweise, Pausen, Schlaf, Verabredungen, Natur, Bewegungsform?

Der Süßkram tut mir wirklich nicht gut, lass mich lieber damit in Ruhe. Ein Mittagsschläfen wäre toll für mich. Mehr an die frische Luft gehen, auf eine Bank in die Sonne setzen. Bloß nicht mehr abends spät essen – die Nacht ist verdorben danach.

Sei nun wieder du selbst und ziehe ein Resümee: Wie kannst du pragmatisch umsetzen, was du gerade erfahren hast?

Hier ist ein guter Zeitpunkt, um mal zwischendurch zu fragen: Hast du die bisherigen Übungen ausprobiert? Falls du darüber hinweggelesen und sie auf später verschoben hast, ist das überhaupt nicht schlimm, sondern interessant für deine Entwicklung. Es könnte sein, dass »keine Zeit« nur die oberflächliche Begründung ist. Die tieferen Gründe liegen bei ein paar Minütchen wohl nicht in mangelnder Zeit. Es lohnt sich, diese Gründe herauszufinden, damit du weiterkommst.

Die Körperbiografie

Wie kommt es, dass wir so oft nicht gut für unseren Körper sorgen und ihn lieblos behandeln? Ihn sogar malträtieren? Antworten finden wir in unserer Körperbiografie. Dort liegen die Wurzeln unserer Beziehung zum Körper. Wir haben als Kinder durch Erziehung, Vorbilder und Gepflogenheiten eine bestimmte Art des Umgangs mit dem Körper entwickelt. Oft ist das über Generationen »vererbt«. In jeder Familie wird anders mit dem Körper des Kindes umgegangen: zärtlich, liebevoll, kuschelig, Grenzen achtend. Oder ruppig, achtlos, übergriffig, gewalttätig oder missbrauchend. Gerade die ersten fünf, sechs, sieben Lebensjahre inklusive der Zeit vor der Geburt prägen uns stark bis heute. Wenn du nachforschst, wie das bei dir war, gehst du den Weg zu einer liebevollen Körperbeziehung, denn je mehr dir bewusst ist, desto leichter kannst du dich heute anders einstellen.

Körperbiografie

Erinnere dich an früher. Du als Kind mit deinem Körper, in deiner Familie. Schreibe etwas dazu auf, wenn du magst:

Bedeutung des Körpers: Was bedeutete der Körper in deiner Familie?

Der Körper: soll funktionieren, wenn er kaputt ist, geht man zum Arzt / ist ein Ärgernis, wenn er »Zipperlein« hat / ist eine Quelle der Freude und des Genusses, die man kultivieren kann, zum Beispiel bei einer Massage, in der Sauna, bei Zärtlichkeit und Sexualität / kann Liebe ausdrücken, durch gegenseitige liebevolle und sexuelle Berührungen / ist ein Freund und Verbündeter, der hilft, die Dinge zu tun, die man tun will: Laufen, Rennen, Spielen, Sehen, Hören, Reden, Schmecken, Riechen, Fühlen.

Glaubenssätze: Welche Aussprüche gab es in deiner Familie im Zusammenhang mit dem Körper?

»Was dich nicht umbringt, macht dich stärker.« / »Iss, damit du groß und stark wirst.« / »Ein Indianer kennt keinen Schmerz.« / »Sport ist Mord.«

Umgang mit dem Körper: Wie sind die wichtigen Menschen in deinem Leben mit deinem Körper umgegangen? Wer und wie?

Ich wurde gut, aber funktional gepflegt, es gab keine besonderen Zärtlichkeiten. / Mein Vater hat mich geschlagen. / Wenn ich als kleines Kind bei meiner Oma war, durfte ich bei ihr im Bett schlafen, das war schön.

Wie hast du dadurch gelernt, deinen Körper zu behandeln und für ihn zu sorgen?

Ich habe aufgrund meiner Krankheit viel über gute Körperpflege gelernt, aber er sollte immer anders sein, als er war. / Ich ernähre mich gesund, aber Genuss spielt keine Rolle. / Ausruhen ist faul.

Was willst du heute an Neuem für deine Körperbeziehung dazulernen?

Mehr genießen, weniger funktional. / Ich will lernen, meinen Körper schön zu finden. / Ich will Pausen machen und mich ausruhen, ohne schlechtes Gewissen.

 Wir sind vollkommen, wenn es nichts mehr zu verstecken gibt – und nicht, wenn alles perfekt ist.

Körperselbstwert

Du als Ganzes bist einzigartig und wunderschön, und so ist es auch dein Körper. »Ulrike hat gut reden, wenn die wüsste …«, denkst du jetzt möglicherweise. Und du hast ja auch recht. Es geht hier nicht um meine Sicht von außen, sondern darum, dass du dich selber schön fühlst, auch ohne Bestätigung. Und das ist eine ganz andere Sache. Die oft so schwer ist. Ich kenne Scharen von Menschen, die mit ihrem Körper hadern. Vor allem Frauen fallen über ihre vermeintlichen »Schönheitsfehler« her: Winkemuskel und

Bauchspeck, Nasenhöcker und Nasolabialfalte, Orangenhaut und Runzeln. Jeden Tag neu vor dem Spiegel, gnadenlos und so, wie sie niemals mit ihrer Tochter oder Freundin sprechen würden. Der Körper sieht anders aus, als er sollte; er hat vielleicht Schmerzen oder wird krank, weil er nicht mehr kann – aber trotzdem muss; er wird älter, doch er sollte ewig jung bleiben. Wie können wir von diesem Hadern mit unserem Körper ablassen?

Wenn der Körper anders sein soll, als er ist

Ziehen wir die Parallele zwischen der Körperbeziehung und Liebesbeziehungen: Auch Liebespaare hängen oft an der Erinnerung, wie es anfangs in der wundervollen Verliebtheitsphase war. Oder sie stellen sich einen idealen Partner vor. Der Partner, wie er jetzt ist, wirkt dann mangelhaft, und es geht los mit den Vorwürfen und Veränderungswünschen, die so viele Beziehungen kaputt machen.

Auch bei unserem Körper macht das die Beziehung kaputt: Wir können die Schönheit des Neuen nicht sehen, weil wir uns mit unserer jüngeren, schlankeren Version oder dem retuschierten Idealbild aus einem Magazin vergleichen, an das der eigene Körper nie heranreichen wird. Dann werten wir unseren Körper ab und wollen ihn verändern. Doch wenn du damit beschäftigt bist, dir den perfekten Körper zu wünschen, und ständig an ihm herummanipulierst, schwächst du dich selbst und hast somit weniger Energie frei für Wichtigeres: dich selbst zu lieben und einfach zu *sein*.

Bei einer aufrichtigen Liebe bist du nachsichtig mit den Makeln des anderen oder übersiehst sie. Bei der Liebe zum Körper können wir zum Beispiel das Wörtchen »zu« streichen: zu dick, zu dünn, zu alt, zu faltig. Ohne das »zu« ist jeder Körper einfach so, wie er ist. Lieben wir unseren unperfekten Körper – immer wieder staunend und voller Freude über das Neue. Du blickst dann von innen, aus dem Herzen, nicht mit dem öffentlichen Blick der Welt. Das Paradoxe dabei ist: In dem Moment, in dem du deinen Körper annimmst, wird er vollkommen. Denn wir sind vollkommen, wenn es nichts mehr zu verstecken gibt – und nicht, wenn alles perfekt ist. Das ist die Kunst der Liebe.

Wie Körperidealbilder uns schaden

Doch die Idealbilder des Körpers begleiten uns an jedem Tag: Das Model schreit uns dieses Idealbild vom riesengroßen Werbeplakat zu, aus der hochglänzenden Magazinseite springt es uns entgegen, im Artikel über die neueste Diät wird es uns vorgehalten: »Du könntest schöner, schlanker, jugendlicher und fitter sein.« Die Außenwelt erzählt uns, wie wir sein sollten, mit einer Norm, die zufällig zurzeit hier bei uns gilt – nicht in Afrika oder Asien, nicht vor zweihundert Jahren. Gerade seit ein paar Jahrzehnten lieben die Modeschöpfer dünne, androgyne, schmalhüftige Models. Wer zum aktuellen Maß passt: Glück gehabt. Wer anders veranlagt ist, hat Pech gehabt. Und quält sich oft sein Leben lang vergeblich, um abzunehmen.

Ich hatte gerade eine Teilnehmerin, die uns erzählte, dass sie sich keine Minute in der Öffentlichkeit bewegt, ohne die Blicke der anderen auf sich zu wähnen, die ihre ausladende Figur abfällig betrachteten. Im heißen Sommer hätte sie oft gerne ein Eis gegessen, doch sie stellte sich vor, wie andere das kommentieren würden: »Na, die hat's nötig, die sollte sich mal lieber zurückhalten«. Und eigentlich dachte sie über sich genauso. Als sie nicht mehr auf eine schlanke Version ihrer selbst hoffte, begann, mit erhobenem Haupt zu ihrer Figur zu stehen und sich innenorientiert um ihren Körperselbstwert kümmerte, vergaß sie in der Folge die Blicke der anderen – und konnte interessanterweise gerade dadurch ihr Frustessen beenden.

Aber nicht nur die Blicke anderer können uns aufbauen oder demotivieren. Auch die eigenen.

Leben ohne Spiegel

Frauen blicken zwischen 43- und 71-mal am Tag in irgendwelche Spiegel. Die Professorin für Soziologie an der University of Nevada, Dr. Kjerstin Gruys, hatte das satt und führte ein Selbstexperiment durch: Für ein Jahr verbannte sie alle Spiegel aus ihrem Blickfeld. Was passierte? Sie lernte, sich von innen schön zu fühlen. Sie entwickelte einen stabileren, innenorientierten Körperselbstwert, fokussierte sich mehr und mehr auf ihre Arbeit und ihre Freundschaften und darauf, anderen Menschen mehr zu vertrauen und sich in Beziehungen aufgehoben zu fühlen. Sie hatte mehr Energie und Konzentration für Wesentliches, Oberflächliches wurde nebensächlicher.
Unsere Welt ist voller Spiegelbilder, denen wir mehr oder weniger gewollt ständig begegnen: im Bad, im Flur, unterwegs in den Schaufenstern, in der

Umkleidekabine, auf dem WC im Restaurant. Wie wäre es, wenn du seltener oder eine Weile gar nicht mehr in den Spiegel schaust? Das kann besonders dann interessant sein, wenn dein Blick in den Spiegel eher kritisch und missgünstig ausfällt und dazu führt, dass du dich weniger schön und »richtig« fühlst.

Der liebende Blick

Wie bewertest du das Aussehen von Leuten auf der Straße, im Café, auf Facebook-Fotos? »Uahh, hat die tiefe Falten«, »Der sieht aus wie ein Fass«, »Also, um die Hüften ist sie aber wirklich fett«. Wie wir über andere denken, so denken wir über uns selbst. Deshalb sind unsere Blicke auf andere ein wunderbares Feld zum Einüben eines liebenden Blickes. Wir können unseren Schönheitsbegriff weiten. Der liebende Blick sieht durch die Hülle eines Menschen hindurch. Dort findest du das »Wesen«, das bei jedem Menschen unverkennbar und einzigartig ist, mit einer ebenfalls einzigartigen Ausstrahlung. Wenn du das übst, wirst du merken, wie du dich bald auch selbst liebevoller betrachtest und einen Sinn für die Schönheit deines Wesens entwickelst. Diese Schönheit deines Wesens mit seiner einzigartigen Ausstrahlung erstrahlt.

>> *Der liebende Blick sieht durch die Hülle eines Menschen hindurch. Die Schönheit des Wesens mit seiner einzigartigen Ausstrahlung erstrahlt. Du wirst schön, wie von selbst.*

Finde in deinem Alltag mehr darüber heraus, wie du dich von anderen betrachtet fühlst:

- Männer, Frauen, Kinder?

- Fremde, Freunde, Freundinnen, Familie?

- Partnerin, Partner?

Erforsche deinen Blick in den Spiegel.

- Wie und wozu siehst du dich im Spiegel an?

Ich mäkele an mir rum. / Ich bin immer kritisch. / Ich finde immer was an mir auszusetzen, ich suche regelrecht nach Makeln. / Ich freue mich schon auf den nächsten Spiegelblick. / Es baut mich auf, weil ich damit bestätigt bekomme, dass ich schön bin.

Werde unabhängig vom Blick in den Spiegel: Mal sehen, was passiert: Hänge deine Spiegel zu Hause ab oder verhänge sie mit Tüchern, nutze höchstens einen kleinen Spiegel für Details im Gesicht, schau in die Gegend statt ins Schaufensterspiegelbild.

Ich bin dadurch freundlicher mit mir selbst geworden. / Ich vergesse öfter mal am Tag, an mein Aussehen zu denken: eine Entlastung! / Ich habe mehr Zeit für anderes.

Achte darauf, wie du das *Wesen* anderer erkennst, indem du durch ihre Hülle – das Äußere – hindurchblickst und ihre Ausstrahlung und Wirkung wahrnimmst:

Sie hat eine warme, freundliche Ausstrahlung. / Er wirkt wie ein fröhliches Kind. / Auf den ersten Blick ein tätowiertes Muskelpaket, aber dahinter wirkt er fein, hell und sanft. / voller Schalk

Und nun verlassen wir die Welt der Blicke im Zusammenhang mit dem Körperselbstwert, und es wird spürbarer und im wörtlichen Sinne greifbarer.

Selbstberührung

Über unsere Haut, unser größtes Sinnesorgan, reagieren wir mit Freude und Beruhigung auf stimmige Berührungen: Wenn die Kollegin kurz freundlich die Hand auf unseren Arm oder das Schulterblatt legt, wenn wir uns bei einer Begrüßung umarmen, beim Kuscheln, Streicheln, Sex. Berührungen haben für uns alle einen enorm hohen Stellenwert für körperliches und psychisches Wohlbefinden. Die Immunabwehr und Schmerztoleranz werden gestärkt, es entsteht ein Gefühl der Sicherheit, des Vertrauens, der Verbundenheit, der Identitätsstärkung und der Kooperationsbereitschaft. Wir fühlen uns sicherer, vertrauensvoller, verbundener und kooperationsbereiter.[3]

Auch wenn wir uns selbst berühren, löst das Wohlgefühle aus. Wir spüren uns intensiver und werden mitfühlender mit uns selbst – *wenn* es bewusst und liebevoll geschieht. Berührungen – wie auch die Selbstberührung – werden jedoch oft vernachlässigt. Viele Menschen haben kaum Körperkontakt und berühren sich auch selbst ungerne oder nur funktional beim Waschen, Anziehen, Körperpflegen. Mit der »Körperdusche« kannst du mithilfe von Selbstberührung eine liebevollere Beziehung zu deinem Körper entwickeln und deinen Körperselbstwert stärken.

Streiche, massiere, klopfe oder reibe dich über der Kleidung, oder ohne Kleidung, vom Kopf bis zu den Füßen ab, sodass es sich angenehm und belebend anfühlt – auf nackter Haut entsprechend vorsichtiger –, und massiere deine Kopfhaut wie beim Haarewaschen.

Oder creme deinen Körper ein, reibe ihn unter der Dusche mit einem Peelinghandschuh ab, benutze vorsichtig eine Trockenbürste.

- Wie fühlt es sich für deinen Körper an?
- Wie fühlst du deinen Körper unter deinen Händen?

Halte ein paar Minuten später inne, wenn du mit der Körperdusche schon fertig bist und spüre noch einmal neu: Wie fühlt sich deine Haut, dein Körper jetzt an?

Durch die achtsamen Berührungen wirst du dir deines Körpers und seiner Grenzen bewusster und fühlst dich mehr im Einklang mit deinem Körper. Du fühlst dich wohl in deiner Haut und lernst deinen Körper vielleicht neu kennen. Es fällt dir leichter, dich schön und »von innen richtig« zu fühlen.

Das Schönheitsgefühl, das von innen kommt

By the way: Deine Selbstliebe strahlst du aus, und andere werden dich ebenso schön, anziehend und liebenswert finden, wie du dich selbst fühlst. Schönheit hat nichts mit Körpermaßen, Faltentiefe oder Kleidung zu tun – dafür alles mit Selbstliebe, Ausstrahlung, Offenheit, Sichzeigen, wie du wirklich bist, und dem Grad der Verbundenheit mit anderen Menschen.

Aber ich will nicht zu sehr auf die äußere Wirkung fokussieren: Schön gefunden zu werden von anderen kann eine große Freude sein. Anerkennende, bewundernde oder begehrende Blicke beflügeln und stärken auch vorübergehend das Selbstbewusstsein.

Es kann jedoch immer sein, dass es wieder wegbricht, wenn keine Anerkennung von außen kommt. Letztlich zählt die Motivation: Sich mit seiner Schönheit zu beschäftigen mit schöner Kleidung, schönheitsförderndem Make-up und schön frisierten Haaren und sich damit voller Stolz zu zeigen, kann ein Ausdruck von Lebensfreude, Genuss und Selbstwert sein.

Eine Form des Selbstausdrucks. Es kann aber auch ein »Muss« sein, weil es als Ersatz für einen von innen kommenden Selbstwert herhalten muss. Dann kann man tiefer gehen und prüfen, warum es sein muss, und womit man sich stattdessen lieber direkter auseinandersetzen könnte. Zum Beispiel mit der Angst, nicht geliebt zu sein.

Erinnere dich an die Sache mit dem Spiegelbild. Du solltest dich nicht davon abhängig machen, sondern zum Beispiel mit Übungen wie der Körperdusche oder dem liebenden Blick auf andere und dich selbst ein innenorientiertes Selbstwertgefühl entwickeln.. Ich möchte bei dir eine Veränderung anstoßen, die tief aus dir selbst kommt. So ist mein ganzes Self-Care-Konzept ausgerichtet.

> » *Anerkennende Blicke beflügeln und*
> *stärken nur vorübergehend das Selbstwertgefühl.*
> *Die eigentliche Veränderung kommt von innen.*

Dein ganzes Leben wird sich verändern, wenn du aufhörst, dich an äußeren Instanzen zu orientieren. Seien es nun Blicke von anderen, sei es dein Spiegelbild, seien es die Stimmen von Wissenschaftlern, Gesundheitsratgebern, Coaches oder Persönlichkeitsentwicklungsgurus. Wenn du immer öfter an deine Körperweisheit anknüpfst, im Einklang mit dir und deinem Körper bist und dich von innen wahrnimmst, richtet sich alles in dir anders aus und auf. Dein Körperselbstwert stabilisiert sich. Dein von innen kommendes Schönheitsgefühl tritt nach vorne. Du wirst schön, wie von selbst.

> » *Dein ganzes Leben wird sich verändern, wenn du*
> *aufhörst, dich an äußeren Instanzen zu orientieren.*
> *Dein Körperselbstwert stabilisiert sich. Dein von innen*
> *kommendes Schönheitsgefühl tritt nach vorne.*
> *Du wirst schön, wie von selbst.*

Nimm einen tiefen Atemzug:
Wo sind meine Gedanken?
Welche Emotion ist da?
Was sagt mein Körper?

2
DEINE GEFÜHLE HEGEN

Manchmal sind wir regelrecht durchgeschüttelt von schwierigen oder schmerzlichen Gefühlen wie Neid, Wut, Hass, Verzweiflung, Trauer oder Angst. Schlechte Laune verhagelt schnell mal einen ganzen Tag. Du lernst einen neuen Umgang mit Gefühlen kennen und kannst ruhiger, ausgeglichener und gelassener werden.

Wir können uns darum nicht genug kümmern: Gefühle beeinflussen zutiefst unsere Selbstwahrnehmung, unsere Lebensqualität und unseren Umgang mit uns selbst und anderen Menschen. Gefühle können unser Leben stark beeinträchtigen, ja sogar lebensgefährlich werden, zum Beispiel bei einer Depression mit Suizidneigung. Das Wort »Gefühl« ist allerdings unscharf, im weiteren Sinne sind damit auch körperliche Grundbedürfnisse wie Müdigkeit, Durst, Hunger, Sexualtrieb und kaum kontrollierbare Affekte wie Wut, Hass und Panik gemeint. Gefühle im engeren Sinne sind dann die Emotionen wie etwa Angst, Freude, Glück, Verachtung, Ekel, Neugierde, Enttäuschung, Niedergeschlagenheit. Sie können sich unendlich mischen und machen unsere Gefühlswelt und unsere Stimmung aus. Wenn du gut für dich sorgen willst, ist dein guter Umgang mit deinen Emotionen ein zentrales Thema. Wir können mehr dafür tun, um sie zu hegen, als viele Menschen meinen.

Emotionen haben Auslöser

Schauen wir uns mal an, wie Emotionen entstehen, denn darin liegt der Schlüssel für einen neuen Umgang mit Emotionen, vor allem den sogenannten negativen Emotionen. Emotionen sind an Ereignisse oder Handlungen geknüpft, mit denen sie seit Beginn unseres Lebens im Erfahrungsgedächtnis verankert werden. Wenn wir in eine Situation kommen, die das Gehirn als bekannt oder ähnlich einstuft, ist dies ein Auslöser, um die dazugehörigen Emotionen aufzurufen. Das Erfahrungsgedächtnis rät uns mit diesen emotionalen Kurzbotschaften, was wir tun oder lassen sollten. Emotionen sind also Reaktionen auf Auslöser: eine aktuelle Situation, eine belastende Erinnerung, eine Enttäuschung, eine erschreckende Zukunftsvorstellung. Und nun kommt die gute Nachricht: Die moderne Psychologie kennt Methoden, mit denen wir diese Auslöser für emotionale Reaktionen im Unbewussten neutralisieren können.

Auch der Lebensstil kann ein Auslöser für Emotionen sein. Wenn wir zum Beispiel in den Wintermonaten nicht mehr ans Tageslicht kommen, haben wir einen handfesten, hirnphysiologisch nachweisbaren Auslöser für den Winterblues. Ein besseres Verständnis von und ein neuer Umgang mit Emotionen kann dich zu einer annehmenden, unaufgeregten, zunehmend ausgeglichenen Haltung führen, zum Beispiel nach einer erst ärgerlichen Reaktion: »Worüber habe ich mich eben noch aufgeregt?«

Trübsal oder Depression?

Ein gelassener Umgang mit den eigenen Gefühlen geht nicht immer so leicht, wie es hier klingen mag. Zum einen ist es in manchen Lebensphasen normal, zum Beispiel wenn sich jemand gerade von seinem Partner trennt, dass Trauer, Angst und andere starke Gefühle einen ziemlich durchschütteln können. Zum anderen können bestimmte Stimmungs- und Gefühlslagen auch Merkmale einer Depression, Angsterkrankung oder einer anderen psychischen Beeinträchtigung oder Krankheit sein.

Wenn du über eine lange Zeit wenig Selbstfürsorge für dich aufbringst, kann daraus eine Depression folgen, oder es kann Symptom einer Depression sein. Jeder Dritte leidet in Deutschland, seinem Leben einmal an einer Depression. Viele erkennen dies bei sich selbst gar nicht. Informiere dich genauer, wenn du seit mindestens zwei Wochen unter psychischer Niedergeschlagenheit mit gedrückter Stimmung, Antriebshemmung, Interessensverlust und Freudlosigkeit leidest, dein Selbstwertgefühl vermindert ist und dein Schlaf und deine Konzentration gestört sind. Es gibt auch weitere Formen von Depression, die nicht so leicht zu erkennen sind und bei denen man auch weiterhin gut im Alltag funktioniert. Eine professionelle Hilfe mit persönlicher Begleitung kann ich mit diesem Buch nicht ersetzen, aber der Fokus liegt hier auch nicht auf der Bewältigung psychischer Störungen, sondern auf der Selbstentfaltung mit Self Care.

Emotionen annehmen und ausreifen lassen

Schwierige Gefühle sind nicht nur schwierig, weil sie manchmal kaum zu ertragen sind. Wenn wir uns wertlos, langweilig, einsam, hässlich fühlen; wenn wir aufgewühlt sind von Wut, Eifersucht oder Neid, können sie uns auch zu einem impulsiven Verhalten bringen, das wir hinterher bereuen: Mit ungefiltert rausgelassenem Ärger stößt man vielleicht jemanden vor den Kopf, kränkt oder provoziert Streit. Und das, wenngleich der Ärger schon nach einem halben Tag verpufft wäre. So gehen Beziehungen kaputt. Wie kann es anders gehen? Sollten wir nun lieber die schwierigen Emotionen verdrängen?

Verdrängen bringt uns nicht weiter

Schwierige Emotionen zu verdrängen ist keine vielversprechende Strategie, denn die Emotionen sind dann nicht weg und bahnen sich oft aus dem Unbewussten einen anderen Weg, zum Beispiel: in Form von Krankheiten und körperlichen Symptomen oder unterschwelligen Aggressionen wie Tratschen und Lästern. Doch das Verdrängen von schwierigen Emotionen lernen wir von klein auf: »Das ist doch kein Grund, Angst zu haben«, versuchen Eltern ihre Kinder zu beruhigen. Doch gerade hat das Kind offensichtlich einen Grund, und es wäre hilfreich, ihm in seiner Angst zur Seite zu stehen. Wir lernen eher das Ausweichen, Ausreden und Überdecken von schmerzhaften Emotionen. Was könnte eine bessere Strategie des Umgangs mit Emotionen sein? Wie wäre es mit annehmen und ausreifen lassen?

Emotionen annehmen

Wenn wir die schwierige Emotion, die gerade da ist, annehmen und durch sie hindurchgehen, können wir sehen, was hinterher dabei herauskommt: zum Beispiel ein Verbundenheitsgefühl mit anderen Menschen, wo vorher Scham war. Ein Entschluss nach vorheriger Angst. Eine Trauer, wo zuvor Wut war. So unvermittelt, wie Gefühle kommen, so rasch können sie auch wieder gehen. Die meisten Menschen haben nach meiner Beobachtung zu viel Respekt vor starken Emotionen. Wenn man ein schmerzliches Gefühl vorausahnt, muss das kein Grund sein, davor zu fliehen. Schmerzen sind aushaltbar und Emotionen klingen meist bald wieder ab, oft schon nach Minuten oder wenigen Stunden. Oder warst du schon mal über Stunden oder Tage ununterbrochen gleich wütend, gleich traurig, gleich euphorisch?

 Emotionen klingen meist bald wieder ab, oft schon nach Minuten oder wenigen Stunden.

Die erste Bewegung in diesem Prozess ist das Annehmen von Emotionen. Dieses Annehmen ist das Gegenteil vom »Gefühle-Ausleben«, bei dem wir der verbreiteten Meinung folgen, man müsse seine Emotionen ausdrücken, um authentisch zu sein. Neben dem Annehmen können wir unsere Emotionen aber auch noch ausreifen lassen.

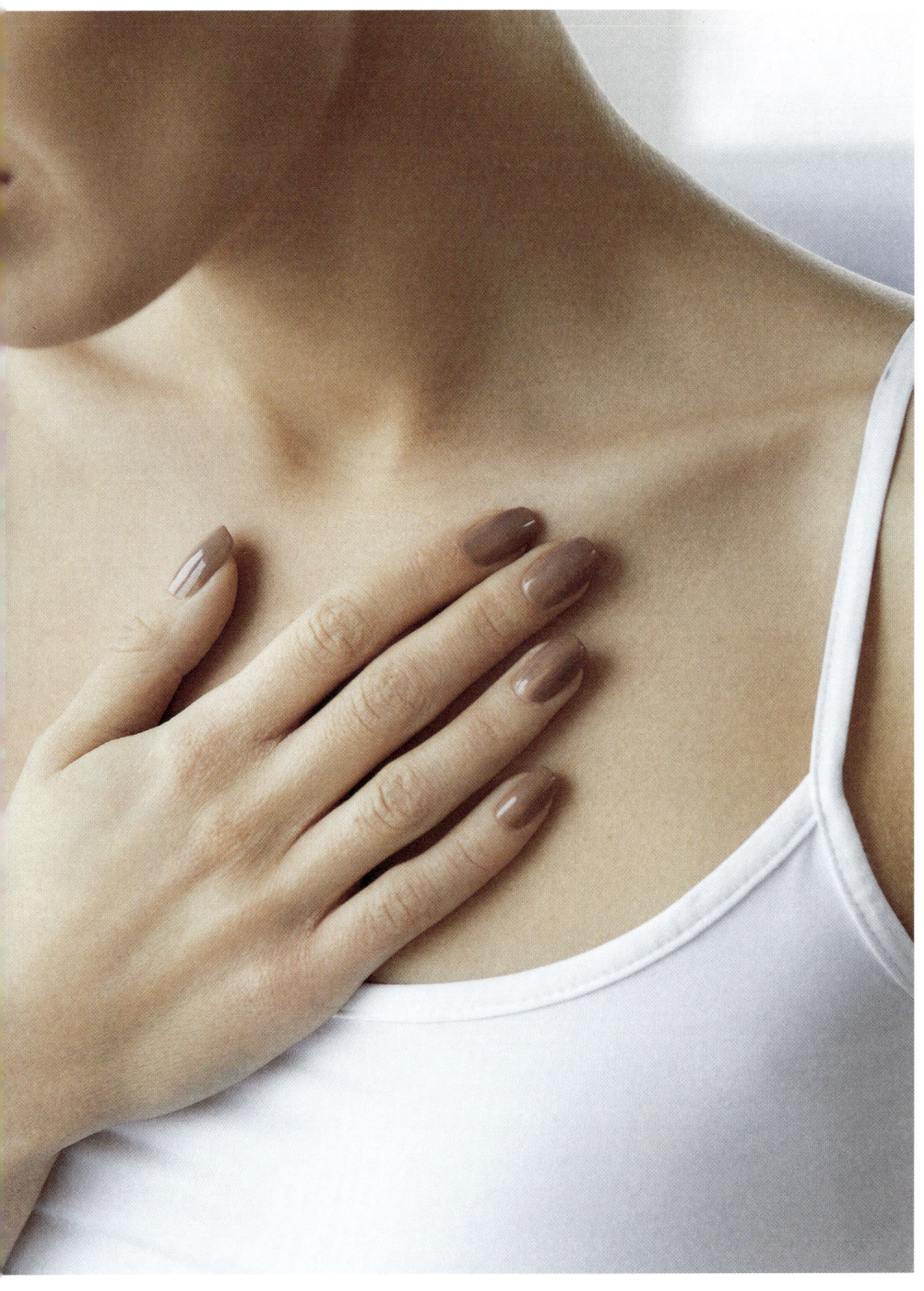

Beginne mit dem »Pulsatmen«, indem du Puls- und Atemrhythmus miteinander verbindest.

Prüfe: Welche Emotionen sind im Moment bei dir da?

Welche Emotion davon ist im Vordergrund?

Egal, ob da gerade eine sogenannte positive oder negative Emotion ist: Lass sie da sein und gehe voll in diese Emotion rein. Fühle den Schmerz, die Freude, die Trauer, den Ärger oder die Selbstzweifel.

Magst du der Emotion Ausdruck verleihen? Weinen, wenn du traurig bist. Seufzen oder jammern, wenn du seelische Schmerzen erlebst. Mit dem Fuß stampfen, wenn du wütend bist. Schimpfen, wenn du eifersüchtig bist. Und so weiter.

Achte weiter auf die Emotion: Wie verändert sich die Qualität, die Stärke, die Belastung? Ist sie noch genau wie eben oder jetzt doch ein wenig anders?

Bleib so lange präsent dabei, bis die Emotion abklingt.
Was ist jetzt da?

Leere / Gleichmut / Stille / Erschöpfung

Verfolge zum Abschluss nochmals ein paar Atemzüge lang deinen Atem. Schätze ein: Wie war dieses Annehmen? Könnte das Annehmen ein Weg sein, wenn in Zukunft schwierige Emotionen auftauchen?

Emotionen ausreifen lassen

Ich habe ja schon beschrieben, dass Emotionen reproduzierte Reaktionen auf frühere Erfahrungen sein können. Wir reproduzieren, was wir bereits kennen, und erleben es zum Beispiel im Kontakt mit anderen Menschen in aktuellen Beziehungen. Solche »Übertragungen« – so der psychologische Fachbegriff – finden im Alltag ständig statt und sorgen für Beziehungsverwirrungen aller Art. Ein Klassiker ist die überzogene Angst vor dem Chef oder anderen Autoritätspersonen, weil man in ihm den cholerischen Vater wiederzuerkennen meint. Der Chef kann dann noch so empathisch und wertschätzend sein – wird er Ziel einer Übertragung, kann er nur begrenzt etwas tun, um die Übertragung aufzulösen. Das muss die andere Person tun, indem sie sich bewusst wird, was bei ihr gerade abläuft. Mit der Übung »Emotionen loslassen« etwas später in diesem Kapitel kannst du solche Übertragungen, die bei dir passieren, oft sogar komplett auflösen.

Wenn Übertragungen am Werk sind, haben jedenfalls unsere Emotionen, die woanders herrühren, lieber nichts in der aktuellen Beziehung zu suchen. Denn da gehören sie nicht hin. Wenn wir ihnen nachgeben, belasten wir unsere Beziehungen oder beschädigen sie. Wir sagen etwas, was wir später bereuen. Was tun? Ausreifen lassen ist dann die richtige Bewegung, und das erst einmal ohne die betreffende Person – für sich allein oder im Gespräch mit einem vertrauten Menschen. Oft ist der akute Stress nach einer Nacht abgeflaut, der Ärger nach einem halben Tag verpufft. Auch der Neid auf die begabte und attraktive Kollegin kommt zur Ruhe, wenn man sich selbst wieder wertvoller fühlt. Die Empörung über eine Absage mit dem Drang zu Vorwürfen wandelt sich just in dem Moment zu Traurigkeit, in dem einem klar wird, wie sehr man sich ein Treffen gewünscht hätte und wie gern man die Person mag.

Dann ist es also hilfreich, erst mal Zeit vergehen zu lassen und inneren Abstand zu gewinnen: vertieftes Atmen, unaufgeregt mit jemand anders darüber reden, spazieren gehen, einige Gedanken dazu aufschreiben. Und: »Darüber schlafen« ist mehr als ein altmodischer Tipp. Im Schlaf ordnen, verarbeiten und klären wir das Erlebte. Am nächsten Tag sind viele Emotionen schon nicht mehr relevant. Du bist gelassener, vielleicht schon wieder mit offenem Herzen und einem friedlichen Geist. Dann kannst du auf jemand anders zugehen und erst einmal zuhören und verstehen, ohne zu unterbrechen – und dann erst verstanden werden wollen.

> *Erst zuhören und verstehen, ohne zu unterbrechen –*
> *dann erst verstanden werden wollen.*

Ich empfehle dir hier ausnahmsweise etwas ganz ausdrücklich: Warte mindestens eine Nacht ab bei allen starken, möglicherweise kindlichen, noch nicht ergründeten Emotionen, die dich zu impulsiven Beziehungsinterventionen motivieren. Am nächsten Tag kannst du immer noch sagen und tun, was gesagt und getan werden muss – wenn es dann noch relevant ist. Kindliche Emotionen erkennst du daran, dass sie dir bekannt vorkommen: ein Muster, das immer wieder auftaucht. Von meiner Empfehlung ist natürlich alles ausgenommen, wovor du dich besser spontan und sofort schützt, zum Beispiel bei Verletzungen deiner seelischen und körperlichen Grenzen.

Schreibdenken als Selbsttherapie

Schreibdenken wirkt therapeutisch: Es distanziert und entlastet emotional, beruhigt und klärt die Emotionen, ähnlich wie ein Gespräch mit einer vertrauten, wohlwollenden Person. All das ist umfassend wissenschaftlich nachgewiesen,[1] und vielleicht kennst du das: Du schreibst etwas auf, was dich beschäftigt oder belastet, ein Gefühl, einen Gedanken – und mit einem Mal ist all das Belastende nicht mehr so nah an dir dran. Es ist eine Distanz zwischen Selbst und Gefühl entstanden. Du wirst entspannter, ruhiger, ausgeglichener, klarer.

Mit dem Schreibsprint kannst du deine Emotionen ausreifen lassen und klären. Du schreibst dich ruhig. Schreibsprints sind ein Kern meines Schreibdenken-Ansatzes, und du kannst sie für alles Mögliche nutzen: Gefühle beruhigen und klären, Ideen entwickeln und neue Denkwege einschlagen, neu Gelerntes integrieren. Wenn du es selbsttherapeutisch einsetzt, wirst du nach nur drei oder fünf Minuten bereits eine neue Gelassenheit und Ruhe empfinden. Magst du hier mal einen Schreibsprint fünf Minuten lang ausprobieren?

Nimm dir fünf Minuten Zeit und dein Self-Care-Journal.
Notiere eine Überschrift: »Meine Gefühle im Moment« oder
dein aktuelles Gefühl, das du ausreifen lassen willst, so etwas
wie »Neid auf …«, und fokussiere dich darauf.

Schreibe zu dieser Überschrift nach den Regeln:

- so schnell wie möglich,
- ohne innezuhalten.

Notiere dabei möglichst eins zu eins deine Gefühle und dazugehörigen
Gedanken, so wie sie dir gerade in den Sinn kommen. Wenn du stockst, schreibe das letzte Wort, das du gerade notiert hattest, ein- zwei- oder dreimal auf
oder schreibe »Was noch?«, spätestens dann wird es weitergehen, denn das
Denken steht kaum länger still.

Mach das nicht allzu lange – fünf Minuten sind eine gute Zeit. Drei, sieben
oder zehn Minuten sind ebenfalls passende, nicht ausufernde Zeiten.

Lies deinen Text gleich durch und markiere alles, was du interessant, bedeutsam, wichtig findest.

Schreibe unter den Text einen Kernsatz, der das Wichtigste in einem kurzen,
griffigen Satz auf den Punkt bringt, und hebe ihn hervor, zum Beispiel durch
eine Umrandung:

Wenn du eine nachhaltige Wirkung, eine tiefer gehende Auseinandersetzung
mit deinen Themen und immer mehr Klarheit bei deinen Gefühlen erreichen
willst, gibt es Möglichkeiten, um längerfristig dranzubleiben. Du kannst zum
Beispiel eine »Schreibstaffel« daraus machen: Dann beginne an einem Tag –
zum Beispiel heute –, nimm am nächsten Tag den Kernsatz vom Vortag und
übergib ihn dir als Staffelstab für die nächste Überschrift; es folgt ein weiterer
Schreibsprint, wieder ein Kernsatz darunter und so weiter.

Dieser Schreibsprint ist ein hochwirksames Werkzeug zur Gefühlsausreifung, ebenso für das fokussierte Verfolgen von Gedanken, Themen und Ideen über einen längeren Zeitraum. Du kannst ihn gelegentlich oder sogar täglich anwenden und entweder thematisch vollkommen frei oder fokussiert auf eine Überschrift. Viele meiner Teilnehmenden greifen meinen Vorschlag mit der »Schreibstaffel« auf und erzählen dann nach ein oder zwei Wochen begeistert, wie schnell und tiefgehend sich Gefühle und Gedankengänge weiterentwickeln. Das liegt daran, dass das Unbewusste nach ein paar Tagen intensiv mitarbeitet.

In die Tiefe gehen

Emotionen annehmen und ausreifen lassen sind als Soforthilfe wie auch als Dauerstrategie für den Umgang mit Emotionen gut geeignet. Doch was ist, wenn Emotionen immer wieder auftauchen und stark belasten? Wenn sie die persönliche Entwicklung behindern und Beziehungen zu anderen Menschen dauerhaft stören? Wie zum Beispiel bei Florian: Er klammert sich bei jeder neuen Liebesbeziehung nach einigen Monaten stark an die jeweilige Partnerin und beginnt zugleich, sie eifersüchtig zu überwachen. Mit diesem Verhalten schlägt er die erst erstaunten, dann genervten Partnerinnen in die Flucht und ist früher oder später wieder allein. So verhindert er tiefer gehende Beziehungen und sammelt immer neue Verlusterfahrungen. In solch einem Fall ist es sinnvoll, tiefer zu gehen.

Camouflage und primäre Emotionen

Florian versucht, mit Klammern und Überwachen eine für ihn sehr belastende innere Gefühlslage in den Griff zu bekommen. Das ist seine Abwehrstrategie. Abwehr wovon? Nun, ich nenne diese Abwehrstrategien nicht umsonst »Camouflage«, französisch: Verschleierung. Camouflage-Strategien sind dazu da, die darunterliegenden, oft immens schmerzhaften »primären Emotionen« nicht spüren zu müssen. Bei Florian ist seine primäre Emotion der Verlustschmerz. Und dieser stammt nicht aus der aktuellen Beziehung zu der Frau, die er gerade erst kennengelernt hat. Er erlebt wieder den Schmerz, den er als anderthalbjähriger Junge empfunden hat, als seine überforderte Mutter ihn zur Großmutter gab. Doch Florian ist mit seiner Eifersucht und dem Kontrollieren so vollauf beschäftigt, dass er keinen Kontakt mit der zugrunde liegenden schmerzlichen Verlassenheitserfahrung hat. Seine Camouflage-Strategie, das eifersüchtige Überwachen, ist für ihn leichter zu ertragen.

Die Camouflage wird erst dann zum Problem, wenn das Leben dadurch schwierig wird: Wenn zum Beispiel Florian immer weiter seine Partnerinnen in die Flucht schlägt, oder wenn jemand durch Essen übermäßig zunimmt. Es ist auch zum Beispiel leichter, den Kühlschrank zu plündern (Camouflage-Strategie), als das zugrunde liegende Einsamkeitsgefühl (primäre Emotion) zu spüren. Erst wenn Florian immer weiter ungewollt allein bleibt, erst wenn jemand rund und schwer ist, wird die Camouflage zum Problem. Ebenso verhält es sich mit all den anderen Camouflage-Strategien, die wir alle in irgendeiner Form nutzen: pausenlose Aktivität; zu viel essen, arbeiten, trinken, rauchen, shoppen, reden; und auch ständige emotionale Aufregungen und Beziehungsdramen.

Ab und zu, in einem ruhigen, geschützten, entspannten Rahmen, können wir behutsam nach den Hintergründen für unsere Camouflage-Strategien suchen. Vielleicht findest du ein paar ruhige Minuten – zum Beispiel jetzt, beim Lesen? – und notierst ein paar Gedanken mit einem Schreibsprint, oder du sinnst einfach ein wenig darüber nach.

Camouflage

Welche Camouflage verwendest du, um dich vor dahinterliegenden schmerzlichen Gefühlen zu schützen?

Essen / zu viel arbeiten / Rauchen / ständig unter Leuten sein

Erinnere dich an solch eine Camouflage, bevor du damit beginnst:
  • Welche Emotionen sind in dem Moment direkt vor der Camouflage da?

Eine Unruhe / Wut auf mich selbst / Angst

> • Vor welchen primären Emotionen schützt du dich mit der Camouflage?

Essen: Ich muss die innere Leere nicht spüren, ich fülle mich physisch auf. / Zu viel arbeiten: Ich muss mich nicht unzulänglich und wertlos fühlen.

Emotionen kann man loslassen

Emotionen entstehen nicht aus dem Nichts, sondern haben Ursachen, besser gesagt: Auslöser. Wenn du zum Beispiel Angst hast, kannst du nach dem Auslöser für die Angst suchen: vielleicht einen Katastrophengedanken, was in der Zukunft passieren könnte? Wenn wir einen Auslöser finden, können wir ihn neutralisieren, sodass er keine Emotionen mehr auslöst. Das probieren wir gleich einmal mit Logosynthese® aus.

Logosynthese ist eine moderne psychologische Methode, um emotionale Blockaden mittels sprachlicher Formulierungen nachhaltig im Unbewussten aufzulösen. Einmal gründlich erlernt, funktioniert der von dem Psychotherapeuten Dr. Willem Lammers[2] entwickelte Ansatz auch gut als Selbstcoachingmethode. Für tiefer gehende Prozesse und schwierigere Themen ist dann eine professionelle Begleitung notwendig. In meinen Logosynthese-Seminaren für Selbstanwender und Fachleute erlebe ich immer wieder Erstaunen und Begeisterung darüber, wie schnell sich emotionale und andere Blockaden lösen und wie die persönliche Entwicklung dadurch beschleunigt wird.

Die Methode wirkt auf den ersten Blick simpel, es gehören jedoch Feingefühl und eine gute Selbstwahrnehmung dazu, um einen tief greifenden Prozess anzustoßen. Der Begriff »Energie« spielt eine Rolle, du kannst ihn aber auch als Metapher verstehen und vielleicht kannst du mit »Kraft« mehr anfangen. Wenn du dich intensiver damit beschäftigst, kann Logosynthese mehr sein als eine Methode, um emotionale Blockaden aufzulösen. Sie kann zu einem System für persönliche und spirituelle Entwicklung reifen.

Wir nehmen für den Einstieg mal eine Person, die für dich schwierig im Umgang ist.

Emotionen loslassen

Vergegenwärtige dir eine Person, die für dich weniger leicht im Umgang ist oder die dein Leben erschwert, dich also in irgendeiner Weise belastet. Wer kommt dir als Erstes in den Sinn?

_____

Stell dir vor, dass diese Person irgendwo in deiner Nähe ist. Wir nennen diese Vorstellung der Person jetzt mal »Abbild«.
Nimm Folgendes genau wahr: Woher weißt du, dass es dieses Abbild der Person dort gibt – siehst du zum Beispiel ein Bild von der Person? Hörst du etwas, die Stimme? Oder mit anderen Sinnen: Spürst, schmeckst, riechst du etwas?

_____

Wie reagierst du auf das Abbild dieser Person?
1. körperlich:

_____

Kälte / Anspannung / Zusammenziehen / Kloß im Hals / Schwere im Bauch

2. emotional:

_____

Angst / Ärger und Wut / Scham

3. gedanklich: Welche Gedanken gehen dir zu der Person durch den Kopf? Ein Satz, ein Wort?

_____

Die soll mich endlich in Ruhe lassen. / Ich habe Angst um ihn. / Ich bin genervt.

Schätze alle diese Reaktionen mit ihrer Belastung auf einer Skala ein, von »0« (gar keine Belastung) bis »10« (maximale Belastung): Welche Zahl kommt dir als Erstes in den Sinn? 0 _ _ _ _ _ _ _ _ 10
Sprich nacheinander die drei Sätze der Logosynthese – du liest sie gleich weiter unten. Die Sätze sind immer gleich, nur der Auslöser ist bei jedem Logosynthese-Zyklus unterschiedlich. In diesem Fall setzt du ihn in alle drei Sätze als Auslöser ein: »*Das Abbild von [Name]*.«

- Du musst dabei nichts verstehen und beeinflussen. Der Prozess läuft am besten ungestört durch Denkvorgänge im Unbewussten ab.
- Nach jedem Satz folgt eine Wirkungspause: Denke dabei am besten an gar nichts oder zähle im Geist ab 30 rückwärts. Vielleicht eine, zwei, drei Minuten. Wenn du einen »Shift« bemerkst, also irgendeine Art von Veränderung, fährst du mit dem nächsten Satz fort. Diese Veränderung kann alles Mögliche sein:

Aufatmen / ein ganz neuer Gedanke / deutliche emotionale Veränderung / Wärme und Kribbeln im ganzen Körper / Entspannung

Satz 1: »Ich nehme all meine Energie, die gebunden ist in dem *Abbild von [Name]*, an den richtigen Ort in mir selbst zurück.«

Satz 2: »Ich entferne alle Fremdenergie im Zusammenhang mit *dem Abbild von [Name]* aus allen meinen Zellen, aus meinem Körper und aus meinem persönlichen Raum und schicke die Energie dorthin, wo sie hingehört.«

Satz 3: »Ich nehme all meine Energie, die gebunden ist in allen meinen Reaktionen auf das *Abbild von [Name]*, an den richtigen Ort in mir selbst zurück.«

Welche Belastung ist jetzt da, auf einer Skala von 0 bis 10? ____ Genauer: Was erlebst du körperlich? ____ emotional? ____ gedanklich? ____

Trinke ein paar Schlucke Wasser.

Falls die Belastung nicht wesentlich abgeklungen ist, mach einen zweiten Zyklus mit den drei Sätzen.

Stell dir probeweise Folgendes vor: Was wäre in der Zukunft in Bezug auf diese Situation und Person anders? Wie stellst du dir jetzt zum Beispiel eine Begegnung vor – welche Gefühle, Gedanken, Haltung, Einstellung, welches Verhalten?

Vielleicht wirken diese formelhaften Sätze zunächst fremd für dich. Das ist ja auch naheliegend. Wie gesagt: Du musst nicht daran glauben oder die Wirkungsweise verstehen. Probiere es lieber erst einmal aus und schau, ob sich danach eine Veränderung ergibt. Beobachte dich auch ein paar Tage nach der Logosynthese-Übung. Mit der Methode sind erstaunliche Veränderungen möglich. Logosynthese® wird seit 2007 angewendet, und ihre Wirksamkeit wird in der täglichen Arbeit von Ärzten, Psychologen und Psychotherapeuten wie auch beim Coaching und in der Supervision belegt. Erste klinische Untersuchungen zeigen eine positive Wirkung bei Menschen mit Depressionen.

Wenn du Interesse hast, dich näher mit Logosynthese zu beschäftigen, findest du auf meiner Website www.ulrike-scheuermann.de weitere Informationen und auch Möglichkeiten, um die Methode in Seminaren und Online-Programmen zu lernen. Denn Logosynthese ist einerseits eine recht einfach anzuwendende Methode, andererseits sollte man sie gründlich erlernen. Allerdings: Nicht alle emotionalen Blockaden kann man »schnell mal« mit Logosynthese auflösen. Etwa, wenn es um frühe Traumata oder andere Erfahrungen geht, die einst zutiefst verstört haben und noch bis heute wirken. Dann kann es sein, dass du professionelle Begleitung brauchst.

Die Stimmung aufhellen

Wenn nun Emotionen wirklich so wandelbar sind und schnell abflauen können, liegt der Gedanke nahe, dass wir sie auch neu kreieren können. Das geht. Du weißt wohl inzwischen, dass ich nicht dafür plädiere, Emotionen zu überdecken oder zu verdrängen. Die schwierigen Emotionen, die dir eine Lernaufgabe zeigen und an denen du wächst, werden dir auch erhalten bleiben. Es geht hier mehr um eine Stimmungsaufhellung und gelassenere Grundhaltung im Leben.

Neue Emotionen können wir vor allem mithilfe eines förderlichen Lebensstils kreieren: Bewegung, Tageslicht, Ernährung, soziale Verbundenheit, Natur, Musik, kreatives Schaffen, Konzentration und Schlaf. Unser Körper und unser Geist sind einfach nicht geschaffen für einen sozial isolierten, bewegungs-, tageslicht- und schlafarmen, schlecht ernährten, hektischen Lebensstil des 21. Jahrhunderts. Die psychologische und medizinische Forschung hat umfassend nachgewiesen, dass es jenseits von Medikamenten und Symptombekämpfung offensichtlich starke Wirkfaktoren gibt, mit denen wir auf unsere körperliche und psychische Gesundheit einwirken können. Damit ist Lebensstilveränderung ein wichtiger Ansatz für Self Care: Mit unserem Lebensstil können wir stark beeinflussen, wie wir uns fühlen.

» *Mit unserem Lebensstil können wir stark beeinflussen, wie wir uns fühlen.*

Hier kommen sieben Einflüsse, um deine Stimmung aufzuhellen und neue Emotionen zu kreieren. Jeder davon ist mit weiteren positiven Effekten ein wundervoller Tribut an deine Selbstfürsorge. Welche würdest du gerne ausprobieren? Ein, zwei oder drei reichen schon für den Anfang.

❶ Bewegung ist Medizin

Die Forscher sind sich hier ausnahmsweise einig: Körperliche Betätigungen wie schnelles Gehen, Laufen, Schwimmen, Krafttraining, Radfahren usw. verändern die Gehirnfunktionen so zuverlässig wie ein Medikament. Sie wirken vorbeugend und heilend, etwa bei Depressionen und Angststörungen, befördern aber auch jenseits von psychischen Problemen eine positive Stimmung. Sie beugen emotionalen Tiefs vor und wirken emotional ausgleichend. Bewegung ist Medizin.

> » *Wie ein Medikament verändert Bewegung zuverlässig Gehirnfunktionen. Bewegung ist Medizin.*

Um diesen Effekt zu spüren, reichen drei halbe Stunden, verteilt über eine Woche, schon aus. Zumindest, wenn wir dabei einigermaßen aus der Puste kommen, also so, dass wir uns dabei nicht mehr bequem unterhalten können. Ich bin aber nicht dafür, solche Regeln dogmatisch zu verfolgen – und dann irgendwann hinter seinen Zielen zurückzubleiben und frustriert aufzugeben. Besser, du probierst und experimentierst, was dir guttut und ab wann du in den Genuss des stimmungsaufhellenden Effektes kommst. Es sollte außerdem gut in deinen Alltag passen: Vielleicht verzichtest du an drei Wochentagen auf dein Auto und wanderst zügig eine Dreiviertelstunde von der Arbeit nach Hause? Oder welche Bewegungs- und Sportarten machen dir sonst Freude, sodass du von innen motiviert bist und sie nicht als Last empfindest, zu der du dich disziplinieren musst? Bei mir ist es das Laufen. Ich genieße es, beinah täglich frühmorgens im Park, am Friedhof entlang und um den See herum zu joggen. Die Bewegung macht mir ebenso viel Freude wie auch das Naturerlebnis, der stille See am Morgen, der Graureiher. Was ist es bei dir?

❷ Ernährung ist Medizin

»Was esse ich?«, ist eine der ersten Fragen, die wir uns stellen können, wenn wir scheinbar grundlos in einem emotionalen Tief sind. Ernährung ist für die psychische Gesundheit und damit auch für unsere Gefühle von großer Bedeutung. Ernährung ist Medizin – wie auch die Bewegung. Beides kann Depressionen, Angst und andere emotionale Probleme lindern und heilen. Das ist eine revolutionäre Erkenntnis, die wir aber aufgrund der Forschungslage nicht ignorieren sollten. Und die wir auch ohne Vorliegen einer Depression zur Verbesserung der Stimmung nutzen können.

So ist zum Beispiel sicher, dass Zucker oder auch Weißmehl, das im Körper schnell zu Zucker umgewandelt wird, negative Effekte auf die Stimmung hat. Die Fernsehmoderatorin Anastasia Zampounidis lebt seit 2006 komplett zuckerfrei mit beeindruckenden positiven Auswirkungen.[3] Während wir Zucker lieber ganz weglassen und andere Süßungsmittel einschränken könnten, sind gesunde natürliche Fette mit einem hohen Anteil an Omega-3-Fettsäuren in unserer Nahrung um ein Vielfaches zu wenig enthalten. Diese Fettsäuren beenden entzündliche Prozesse, die sich negativ auf die Emotionen auswirken, weil sie Botenstoffe wie das sogenannte Glückshormon Serotonin vermindern. Eine vollwertige Ernährung hilft, die Darmflora gesund zu erhalten, was im Zusammenhang mit der Bedeutung des Darms als »zweitem Gehirn« zu stehen scheint: Viele Forscher gehen heute davon aus, dass sich die Interaktion von Darm und Gehirn auf unsere Stimmung, unsere Entscheidungen und unsere allgemeine Gesundheit auswirkt.[4]

❸ Emotionale Ansteckung

Das geborgene Zusammensein und die Verbundenheit mit anderen Menschen können uns tragen und emotional stärken. Unter anderem durch die ansteckende Wirkung von Emotionen. Du kennst das: Es gibt Menschen, in deren Nähe wird man leicht und fröhlich, bei anderen inspiriert und motiviert, wieder bei anderen ruhig und müde. Ich werde zum Beispiel in den meisten Fällen schläfrig, wenn ein Baby da ist. Manchmal kommt auch jemand in einen Raum, und es entstehen sofort eine Unruhe und aggressive Stimmung. Wer tut dir mit seiner Stimmung, Ausstrahlung und durch die Beziehungsdynamik zwischen euch gut bzw. *nicht* gut? Wer strahlt eine Stimmung aus, die dich in positiver Weise ansteckt und emotional stärkt?

❹ Gegenwärtig sein

Grübeln, Gedankenkreisen und das Wiederkäuen immer gleicher Denkinhalte, die sich meist um Vergangenes und Zukünftiges drehen, zählen zu den stärksten Risikofaktoren für negative Stimmungen. Diese destruktive Art des Denkens treibt uns immer tiefer ins Problem und unsere Stimmung in den Keller. Wege hinaus sind die Konzentration auf die Gegenwart sowie auf das, was im Moment zu tun ist: reden, schlafen, arbeiten, kochen, essen, das Kind begleiten, entspanntes Zusammensein mit anderen Menschen. Man kann sagen, dass jede Art des gegenwärtigen Präsentseins und der konzentrierten Aktivität gegen das Grübeln hilft. Um vom Gedankenkreisen weg- und in der Gegenwart anzukommen, empfehle ich zudem meist Logosynthese. Du hast die Methode ja schon kennengelernt und kannst als Auslöser ganz simpel »diesen Gedanken« in die drei Logosynthese-Sätze einsetzen. Mit etwas Übung kannst du sie jederzeit – also auch in der Warteschlange, beim Duschen, im Bett – anwenden. Wenn ich in einem Seminar nach einer solchen Übung frage, was jetzt mit dem Gedanken ist, sagen meine Teilnehmenden so etwas wie: »Ich müsste mich anstrengen, um den Gedanken zurückzuholen« oder »Worum ging es noch mal?«. Im sechsten Kapitel »Deine Gedanken befreien« erfährst du mehr über Gedankenstille.

❺ Freudetrigger Musik, kreativer Flow, Natur

Bei Verhaltensweisen, die wir gerne mögen, ist das mesolimbische System, das sogenannte »positive Belohnungszentrum« des Gehirns aktiviert. Dieses Belohnungszentrum ist entscheidend an der Entstehung von Freude und Glücksgefühlen beteiligt. Mit diesen Gefühlen wird dann unser jeweiliges Verhalten belohnt, wir konditionieren uns emotional. Zum Freudegefühl selber, dem sogenannten »liking«, gesellt sich noch die Vorfreude in Erwartung auf das Nachfolgende, das »wanting«. Aber welche Verhaltensweisen lösen denn nun diese Freude aus – und tun uns gleichzeitig gut?

Es gibt nur wenige Dinge, die uns so einfach und direkt mit Freude erfüllen können wie Musik. Musikhören und Musikmachen zählen zu den besten Stimmungsmachern und können uns regelrecht mit positiven Gefühlen überschwemmen. Welche Musik erfüllt dich mit Freude? Neben Musikhören gibt es natürlich noch andere Verhaltensmuster, die im Gehirn Glücksgefühle auslösen und somit als Belohnung wirken. Der »runners high« der Langstreckenläufer; das gesellige und lustige Zusammensein mit anderen;

Berührungen, Zärtlichkeit und Sex, In-der-Natur-Sein und kreatives Tätigsein sind nur ein paar Ideen, die deine Stimmung aufhellen und dir ganzheitlich guttun können.

Im kreativen Tun etwa erleben wir uns schöpferisch, fühlen uns kompetent und wertvoll. Wir erleben Schaffensfreude und drücken uns selbst aus. Das kann einfach alles sein, bei dem du aus dir selbst heraus etwas Eigenes, Schönes, Nützliches, Heilendes schaffst: Schreiben, Musikmachen, Malen, Werken, Schrauben, Stricken, Nähen, Programmieren, Fotografieren. Möglicherweise bist du dabei im sogenannten Flow, der als idealer, hochgestimmter Tätigkeitszustand gut erforscht ist. Kinder leben ständig darin, wenn wir sie nicht stören. Du kennst den Flow also auch, zumindest von früher. Wir können ihn nicht erzwingen, aber zumindest günstige Rahmenbedingungen dafür schaffen. Die wichtigsten Faktoren für Flow sind: zeitvergessen und fokussiert auf eine Tätigkeit sein sowie ständig mit wachsenden Herausforderungen dazulernen.

Auch das In-der-Natur-Sein gehört zu den Freudetriggern. Nur fünf Minuten in der Natur heben die Stimmung und das Selbstwertgefühl, senken den Stress und stärken sogar messbar das Immunsystem. Positive Gefühle erscheinen größer und wichtiger als zermürbende. Dabei muss es nicht der einsame Wald oder die Bergwelt sein. Auch ein kleiner Park, nur ein paar Bäume oder eine Grünfläche im Hof reichen für diese Effekte. Doch am besten entspannt man sich in der Nähe von Wasser und unter Bäumen, erst recht im Wald ist der heilende und immunstärkende Effekt am stärksten. Er wird zusätzlich gefördert durch Substanzen, die die Bäume in die Luft abgeben und von uns aufgenommen werden.[5]

Es gibt jedoch auch Substanzen wie Nikotin, Zucker, Opioide und Alkohol, die ebenfalls unser Belohnungssystem im Gehirn aktivieren, süchtig machen, bei Fehlen Entzugssymptome zeigen – und uns insgesamt schaden. Deshalb ist es so interessant herauszufinden, welches Verhalten dich beglückt, wodurch du es belohnst, sodass es sich in der Folge verstärken wird – und welches Verhalten dir dabei auch noch guttut. Vice versa gilt das Gleiche: Was tut dir *nicht* gut und sollte daher zum Belohnen nicht eingesetzt werden? Gummibärchen-Essen ist wohl nicht die beste Verhaltensweise, mit der du dich emotional konditionieren möchtest, wenn du dich gesund ernähren willst.

Nimm Kärtchen in zwei verschiedenen Farben oder verschiedenfarbige Stifte dafür. Notiere auf jedem Kärtchen jeweils ein Verhalten oder einen Aspekt:

- Für welches Verhalten belohnst du dich bisher mit Freude- und Glücksgefühlen bzw. hoffst darauf, aber es tut dir nicht gut?

Süßkram essen, vor allem Schokolade und Lakritze / auf dem Sofa sitzen und fernsehen / rauchen / Instagram und Facebook checken

- Welches Verhalten hellt deine Stimmung auf, erfüllt dich mit tiefer Freude oder macht dich glücklich, ohne negative Folgen oder nachfolgende Reue?

An dem kleinen See im Park sitzen / Briefe schreiben / Musik hören / in meiner Band spielen / an einem kreativen Projekt arbeiten / schöne Düfte riechen

Lege die Kärtchen im Raum aus.
Stell dich nacheinander auf jedes der Kärtchen und nimm dich selbst wahr: Freude- und Glücksgefühle? Andere Emotionen? Körperempfindungen? Gedanken?

Entscheide, was du mit der jeweiligen Karte tun willst, und tu es: Wegräumen oder an den Rand legen, wenn du sie nicht mehr willst. Mehr in die Mitte legen, wenn sie wichtiger werden soll.

Nimm genau wahr: Gibt es etwas, was dich bremst? Was hält dich eventuell davon ab, das mit der Karte zu tun?

Der Spruch »Erst die Arbeit, dann das Vergnügen« / das Abbild meiner Mutter, die missbilligend guckt, wie sie es immer getan hat

Das, was dich bremst oder abhält, könntest du als Auslöser in die drei Sätze der Logosynthese einsetzen oder dich anders damit auseinandersetzen. Hauptsache, es ist dir schon mal bewusst.

❻ Tageslicht tanken

Gleich, ob eine Winterdepression nun Krankheitswert hat oder »nur« eine trübsinnige Stimmung ist. Durch sie weiß man heute, dass Mangel an Tageslicht die Stimmung in den Keller treiben kann. Im schlimmsten Fall kann er tatsächlich eine Depression auslösen, aber auch Angststörungen und ADHS. Je näher an den Polen der Erde wir leben, desto stärker fällt der Lichtmangel ins Gewicht. Die skandinavischen Länder können dir ein Lied davon singen. In Deutschland ist dieses Wissen noch nicht so bekannt, wenngleich auch wir – zumindest in den Wintermonaten – in der Regel zu wenig Tageslicht abbekommen, manchmal gar keines. Wie du am besten Tageslicht tankst, erfährst du im nächsten Kapitel über den Schlaf, da Tageslicht für die Schlaf-dauer und -qualität äußerst bedeutsam ist. Schon nach fünf bis sieben Tagen mit ausreichendem Tageslicht verbessert sich die Stimmung deutlich.

❼ Viel und dunkel schlafen

Schlafmangel hat dramatische Auswirkungen auf unsere Stimmung, er macht emotional instabil. Doch dieser Zusammenhang ist uns selten bewusst. Dann suchen wir nach anderen Gründen für unsere Tiefs: – die Arbeit, der Nachbar, der morgendliche Stau – und übersehen auch hier oft den eigentlichen Grund direkt vor der Nase: die zu kurze und zu helle Nacht. Im nächsten Kapitel erfährst du, wie du wieder viel und gut schlafen kannst.

Nimm einen tiefen Atemzug:
Wo sind meine Gedanken?
Welche Emotion ist da?
Was sagt mein Körper?

3

ERHOL-SAM VIEL SCHLAFEN

Wirklich ausgeschlafen zu sein kann alles verändern
und ist Self Care pur. Du kennst den Unterschied.
Schlafqualität ist Lebensqualität. Und wir sind mit
viel Schlaf nicht nur emotional ausgeglichener und
körperlich sowie geistig entspannter und fitter.
Wir sind auch deutlich produktiver.

»Schütze das Fundament!«, schreibt Gregor McKeown in seinem Buch »Essentialism«, und weiterhin sagt er über Schlaf: Einer der üblichsten Wege, wie Menschen – vor allem ehrgeizige, vielbeschäftigte, erfolgreiche Hochleister – ihr Fundament beschädigen, sei durch Schlafmangel. Diese Aussagen haben mich beim Lesen damals tief beeindruckt. Denn sie trafen auf mich ebenso zu wie auf die große Masse derjenigen, die ihr Engagement und ihre Ziele über ihr selbstfürsorgliches Schlafen stellen. Was nützen uns die besten Strategien für freies Denken, positive Stimmung und sinnvoll gelebtes Leben, wenn wir uns übermüdet, benebelt und unfokussiert durch den Tag schleppen?

Volksleiden »Schlafdefizit«

Die meisten Menschen in westlichen Industrienationen befinden sich in einem dramatischen Dauerzustand der Übermüdung. Inzwischen sprechen Ärzte von der »Schlafmangel-Epidemie«. Wir schlafen ein bis zwei Stunden weniger als noch vor 60 Jahren. Um die acht Stunden brauchen jedoch fast alle von uns, um wirklich ausgeschlafen zu sein.

» *Um die acht Stunden Schlaf brauchen wir, um ausgeschlafen zu sein.*

Hast du während eines Leistungstiefs bei deiner Arbeit die Möglichkeit für ein Nickerchen? Und würdest du sie nutzen? – Man wird doch mindestens schräg angeschaut, wenn man allein schon die Absicht dazu äußert. Vielmehr gilt es meist als Zeichen von Engagement und Leistungsfähigkeit, mit wenig Schlaf auszukommen. Den meisten Hochleistungsorientierten fällt es auch eher leicht, hart zu arbeiten. Ihre wahre Herausforderung sieht anders aus: »Wenn du eine echte Herausforderung willst, sag Nein zu einer Chance und halte ein Schläfchen«, schreibt Gregor McKeown in »Essentialism«.

» *Wenn du eine echte Herausforderung willst, sag Nein zu einer Chance und halte ein Schläfchen.*

Es gibt noch viel zu tun für eine schlaffördernde und damit produktivitätssteigernde Kultur. Und es lohnt sich. Der Gewinn durch Vielschlafen kann sich sehen lassen. Wenn du deinem Ausgeschlafensein einen hohen Stellenwert im Leben einräumst, sorgst du gut für dich. Schlafzeit ist Self-Care-Zeit.

>> *Schlafzeit ist Self-Care-Zeit.*

Was Langschläfer gewinnen

Vorteile des Ausgeschlafenseins:
- körperlich gesund: Energielevel höher, weniger körperliche Stressreaktionen, verbesserte Immunabwehr, mehr Lust auf gesundes Essen, weniger Übergewichtsrisiko, schöneres Aussehen (»Schönheitsschlaf«), Lebenserwartung erhöht, weniger Unfallneigung im Straßenverkehr, minimiertes Risiko für chronische Erkrankungen wie etwa Angst und Depression, Diabetes Typ 2, Alzheimer, Demenz
- emotional stabil: gelassener, ausgeglichenere Stimmung mit weniger starken oder schwierigen Emotionen, sozial umgänglicher
- geistig klar: verbesserte Denkleistung und kognitive Fähigkeiten: Gedächtnis, Konzentration, Lernfähigkeit, Logik, Kreativität, vergrößerte Bandbreite von Lösungen für Probleme, besser auswählen und auf das Wichtige fokussieren. Kurz: Die Produktivität des Gehirns ist um ein Vielfaches erhöht.

>> *Die meisten Fehler, die ich in meiner langen politischen Karriere gemacht habe, waren das Ergebnis von Schlafmangel. Seitdem versuche ich, acht Stunden pro Nacht zu bekommen. – Bill Clinton*

Viele Menschen merken gar nicht, dass sie ein chronisches Schlafdefizit haben. Hiermit kannst du dich selbst einschätzen:

Schlafdefizit-Check

Fühlst du dich unausgeschlafen und wenig erholt, wenn du aufwachst?

Brauchst du mehr als eine halbe Stunde, um einzuschlafen?

Wenn du tagsüber schlafen kannst: Brauchst du maximal zehn Minuten, bis du einschläfst oder sogar nur fünf Minuten?

Kommst du nur mit Mittagsmüdigkeit durch den Tag?

Wenn du dich langweilst – in einem uninteressanten Teammeeting, bei einem langweiligen Film, beim Warten auf einen verspäteten Zug –, beginnst du zu gähnen, werden deine Lider schwer, sinkt der Kopf nach unten?

Hast du einige der Fragen mit Ja beantwortet? Das sind Symptome von Schlafdefizit und chronischer Übermüdung. Und wenn du jetzt erstaunt bist, könnte es sein, dass es dir lediglich bisher nicht bewusst war, weil du längst daran gewöhnt bist. Zur letzten Frage: Wärst du ausgeschlafen, so würdest du bei Langeweile normalerweise unruhig werden, vielleicht aufspringen oder etwas anderes tun.

Wie wäre es also, wenn du das Selbstbild einer gelassenen, gemächlichen, langsamen Person entwickeln würdest, die Pausen, Zeit zum Nachdenken, Ruhe, Erholung und viiiiiel Schlaf benötigt? Für mehr Schlaf kannst du auch ganz handfest einiges tun. Um endlich wieder ausgeschlafen durchs Leben zu gehen, sehen wir uns hier zuerst einmal verschiedene Lebensstilfaktoren an. Sie helfen beim Vielschlafen.

Körperrhythmen

Immer mehr Forschungsergebnisse decken auf, wie sehr wir von inneren Rhythmen abhängig sind. Der natürliche Tag-Nacht-Rhythmus ist jedoch bei unserem Lebensstil empfindlich gestört, und das wirkt sich massiv auf unseren Schlaf aus. Hier geht es also um machtvolle körperliche Vorgänge. Die gute Nachricht: Wir können unsere inneren Rhythmen mit recht einfachen Maßnahmen wieder regulieren.

Für unseren Tag-Nacht-Rhythmus spielt ein Hormon eine herausragende Rolle, von dem du vielleicht schon gehört hast: Melatonin, das bei Dunkelheit im Gehirn ausgeschüttet wird und unser Schlafbedürfnis erhöht. Wer nicht einschlafen kann, nachts stundenlang wach liegt, morgens vor der Zeit aufwacht und sich zudem nicht ausgeschlafen fühlt, hat möglicherweise zu niedrige Melatoninwerte. Um unsere Körperuhr täglich neu zu stellen, gibt es einen genialen Dreh – ohne Medikamente und überhaupt ein wunderbarer Anlass für tägliche Self-Care-Zeit: jeden Tag an die frische Luft gehen und Licht tanken sowie nachts dunkel schlafen: Schlafe dunkel, wache hell.

 Schlafe dunkel, wache hell.

Tageslicht

Es ist wirklich großartig: Durch eine einfache selbstfürsorgliche Veränderung deiner Lebensgewohnheiten kannst du eine massive Verbesserung deines Schlafs erfahren. Es geht dabei um Tageslicht, also wirklich helles Licht – kein normales Lampenlicht –, das auf die Augen trifft, und zwar am besten gleich am Morgen oder Vormittag und idealerweise täglich ungefähr zur gleichen Zeit. Es gibt ein paar simple Regeln, die du dafür beherzigen kannst.

Geh tagsüber an die frische Luft: um die zwanzig Minuten bei Sonne, ein bis zwei Stunden bei Wolken, sodass Tageslicht auf deine Augen trifft – ohne Sonnenbrille.

Setze diesen Lichtreiz idealerweise am Morgen oder Vormittag.

Es gibt viele Dinge, mit denen du das verbinden kannst:

- Zum Zeitungskiosk laufen, anstatt sich die Zeitung liefern zu lassen.
- Den eigenen oder einen Hund der Nachbarn ausführen.
- Einen Morgentee am offenen Fenster im ersten Sonnenlicht trinken.
- Das Auto zehn Minuten entfernt von deinem Zielort abstellen oder zwei Stationen eher aus dem Bus oder der U-Bahn steigen.
- Die Vormittagspause für einen Spaziergang nutzen.

Da Tageslichttanken nicht immer möglich ist, zum Beispiel in der dunklen Jahreshälfte, kannst du als Alternative eine Tageslichtlampe nutzen.

- Sie simuliert das Tageslicht, aber ohne UV-Strahlen, und sollte eine Beleuchtungsstärke von 10.000 Lux vorweisen.
- Je nach Abstand zur Lichtquelle benötigst du sie für eine halbe bis zwei Stunden.

Nächtliches Dunkel

Neben einem starken Lichtreiz am Tag ist die tiefe Dunkelheit in der Nacht bedeutsam. Schlaf in einem komplett abgedunkelten Raum wirkt sich dabei nicht nur auf die Qualität des Schlafs, sondern auch auf die Psyche aus; das wurde in einer japanischen Langzeitstudie über zwei Jahre herausgefunden. Doch seit wir alle besiedelten Orte mit künstlichem Licht beleuchten, ist es nicht mehr so einfach, wirklich dunkel zu schlafen. Du hast vielleicht mal den Begriff »Lichtverschmutzung« gehört, was nicht nur Tieren, sondern auch uns Menschen schadet. In Städten fällt oft die ganze Nacht lang von draußen Licht in die Schlafzimmer, oder man schaltet kurz mal das Licht im Bad ein. Nächtliches Dunkel können wir zum Glück mit noch simpleren Maßnahmen als das Tageslichttanken steuern.

Komplette Dunkelheit beim Schlafen:

- Bring Verdunkelungsvorhänge an den Schlafzimmerfenstern an.
- Verwende zum Schlafen eine Schlafmaske, am besten mit einer Wölbung für die Augen, sodass die Lider nicht berührt werden. Auf der Website zum Buch findest du Quellen: www.selfcare-programm.de
- Durch ein rot leuchtendes Nachtlicht musst du nachts kein normales Licht anschalten.

Dämmerung simulieren:

- Dimme das Licht in deinen Räumen ungefähr anderthalb Stunden vor dem Schlafen herunter, idealerweise auf die Helligkeit von Kerzenlicht, oder beleuchte mit Kerzen oder einer roten Lampe.
- Vermeide Licht mit hohem Blauanteil auf deinen Geräten – also weiß wirkendes Licht, das dem Tageslichtspektrum nachempfunden ist.
- Smartphones und Computer haben inzwischen meist einen Nacht-modus, bei dem die Displayfarben auf ein wärmeres Farbenspektrum eingestellt werden. Es gibt auch Apps dafür.[1]
- Anti-Blaulicht-Brillen, kannst du zum Beispiel beim abendlichen Fernsehen aufsetzen.

Wieder mehr schlafen

Um wieder mehr zu schlafen, brauchen meiner Erfahrung nach viele Menschen eine Selbsterlaubnis und eine neue Haltung zum Vielschlafen. Du kannst dir zum Beispiel vorstellen, wie dein Gehirn während des Schlafens wichtige Aufräum-, Ordnungs- und Verknüpfungsarbeiten ausführt: Dafür braucht es eben um die acht Stunden, sonst ist es am Morgen nicht fertig. Zudem hilft fürs Vielschlafen ein nicht gerade lässiger Ansatz: mit möglichst regelmäßigen Zeiten schlafen, vor allem in den ersten Wochen der Umstellung. Mit der Zeit konditionierst du dich auf diese Zeiten, und du wirst leichter länger schlafen. Aber es gehört noch mehr dazu als die Schlafzeit selbst.

Der Tagesausklang

Wir sind alle reizüberflutet mit unglaublich vielen Eindrücken des Tages. Jede Lücke ist gefüllt mit dem Blick ins Smartphone. Es gibt keine Langeweile, keinen Leerlauf mehr. Kein Wunder, dass wir nicht unvermittelt leer und bereit für erholsamen Schlaf sind, nur weil wir uns ins Bett legen. Viel zu leichtfertig nehmen wir die vielen Eindrücke mit in die Nacht.

Runterfahren

Wie wäre es, vor dem Schlafen eine Zeit zu finden, in der du den Tag Revue passieren lässt, zu dir findest und alles abschließt, was dich noch beschäftigt? Alle Gedanken, Sorgen und Ängste flauen ab oder ruhen zumindest bis zum nächsten Tag. Bis dahin haben sie oft ihre Kraft und Dringlichkeit verloren, weil du sie über Nacht verarbeitet hast. Wenn wir uns Zeit für ein »Runterfahren« unserer Systeme nehmen, finden wir leichter in einen friedlichen, erholsamen Schlaf. Im Kapitel »Deinen Raum gestalten« erfährst du mehr darüber, wie du eine 15-minütige Self-Care-Zeit gestalten kannst.

Vieles kann beim Runterfahren helfen: sich mit einem Tee aufs Sofa setzen, ins Leere schauen, dem eigenen Atem zuhören oder eine abendliche Dusche. Und Technik-Freiheit hilft immer: Wie wäre es, wenn du zum Beispiel in der letzten Stunde vor dem Schlafen den Blick in deine Bildschirme weglassen würdest? Am besten auch den Fernseher. Dein Geist, deine Emotionen und sogar dein Körper – die Augen – dürfen endlich zur Ruhe kommen. Viele haben ihr Smartphone und ähnliche Geräte inzwischen auch aus ihrem Schlafzimmer verbannt oder schalten sie in den Flugmodus.

Auf der körperlichen Ebene hilft Wärme beim (Wieder-)Einschlafen: ein Fußbad, angenehm heißes Wasser trinken, eine Wärmflasche. – Ich hatte mal eine Seminarteilnehmerin, die verteilte nach einem ausgeklügelten System bis zu fünf Wärmflaschen in ihrem Bett. Es half!

Was guten Schlaf noch stützt: Beim Schlafengehen sollte die Raumtemperatur ungefähr um fünf Grad Celsius kühler sein als die normale Raumtemperatur. Außerdem ist es nachgewiesen, dass der Wachmacher Koffein fast zwei Tage lang im Körper bleibt. Probiere aus, ob sich etwas verändert, wenn du den letzten Kaffee mittags genießt. Genauso beim Alkohol: Finde aber mal heraus, ob dir das Weglassen beim erholsamen Schlafen hilft. Ebenfalls probierenswert: *bis* 19 Uhr essen. So kann dein Körper über Nacht ohne Verdauungstätigkeiten wirklich ausruhen. Experimentiere bei alldem einfach und schau, wie dein Körper darauf reagiert, wie sich dein Schlaf verändert – und damit dein Wohlbefinden. Friedlicher Schlaf beginnt vor dem Schlafen.

>> *Friedlicher Schlaf beginnt vor dem Schlafen.*

Die Abendseite

Ich praktiziere seit vielen Jahren für den Tagesausklang eine Schreibroutine, die ich lieb gewonnen habe. Sie ist einer meiner Favoriten für einen friedlichen Tagesausklang. Sie dauert nur ein paar Minuten, und ich freue mich jeden Tag darauf. Ich schlage mein Self-Care-Journal auf, zücke meinen Füllfederhalter und fülle eine rechte Seite, die Abendseite. Nur manchmal schreibe ich zusätzlich noch Gedanken auf die gegenüberliegende – sonst leer bleibende – linke Seite. Für mich reicht das meist, ich will gar nicht über viele Seiten schreiben, sonst würde ich ausufern und wäre nicht mehr fokussiert. Doch das ist für dich vielleicht anders: Seite um Seite zu füllen kann zum Beispiel helfen, wenn der Kopf übervoll mit Gedanken ist und du nicht weißt, wohin damit. Achte bei der Abendseite darauf, dass es entspannte Selbstfürsorge bleibt und nicht zum Pflichtprogramm wird.

Könnte die Abendseite auch für dich eine klärende und ruheschaffende Verabredung mit dir selbst werden? *Deine* fünf Minuten? Und wenn du nicht schreiben möchtest? Dann sinne auf andere Weise nach. Wichtig ist dabei: Bevor oder nachdem du zu einem Impuls etwas geschrieben oder nachgedacht hast, *fühle* immer kurz den Inhalt, damit Denken und Fühlen miteinander verbunden sind. Du kannst ein Notizbuch, lose Blätter oder ein digitales Notizsystem dafür nehmen oder das eigens dafür gestaltete Self-Care-Journal, das du auf der Website zum Buch findest: www.selfcare-programm.de.

Danke

Mindestens drei Anlässe für Dankbarkeit, es können aber ruhig mehr sein. Details, große Ereignisse und Geschenke, Lerngeschenke.

_____

_____

_____

Lernen

Lerngeschenk: Was hast du heute gelernt – auch aus schwierigen Erfahrungen?

_____

Loslassen

Was legst du beiseite, lässt jeglichen Gedanken daran ziehen? Was akzeptierst du, heute nicht geschafft zu haben, und lässt es los?

_____

Das Wichtigste

Ein Satz.

_____

Meine Gedanken

Wenn noch Gedanken übrig sind, nutze dafür die linke Seite in deinem Self-Care-Journal und schreibe so schnell wie möglich, ohne innezuhalten, einen Schreibsprint.

_____

Einschlafen und Durchschlafen

Schlafen und Imbettliegen könnten so schön sein, behaglich, kuschelig, ge-mütlich! Wenn da nicht diese Ängste und Sorgen wären, die in der Nacht riesengroß werden: »Wie soll ich das bloß schaffen?«, »Was wird G. sagen?«, »Das Geld wird wieder nicht reichen«. Durch schlaflose Zeiten in der Nacht entsteht zusätzlicher Stress. Wir haben oft schon vorher Angst vor einer weiteren unruhigen, sorgenvollen Nacht oder vor Albträumen.

Erwartungslos werden

Sobald man meint, man müsste jetzt aber endlich schlafen, geht es nicht mehr. Dann wird man immer wacher. Schlafenwollen verhindert das Ein-schlafen.

>> *Schlafenwollen verhindert das Einschlafen.*

Wir können das Einschlafen aktiv fördern – und zugleich bedeutet einschla-fen auch loslassen. Schlaf gehorcht nicht dem Willen, wir können ihn nur kommen lassen. Und das geht eben nicht immer gut. Zum Beispiel wenn man den ganzen Tag damit beschäftigt war, alles unter Kontrolle zu halten, oder wenn in einer Lebensphase der unruhige Schlaf die eigene Lebenssitua-tion widerspiegelt. Dann kannst du es akzeptieren. Es wird auch wieder an-ders werden. Nimm an, was ist. So wirst du gelassen … und schläfst besser.

Wachhalter loslassen

In der Nacht werden Ängste oft riesengroß, bei Licht betrachtet sind sie we-niger schlimm. Die folgende Übung kann dir helfen, alle Tageseindrücke abzuschließen, die dich noch beschäftigen, friedlich einzuschlafen sowie sorgen- und angsterfüllte Nächte glimpflich zu überstehen.

Die Kiste

Lass deinen Tag Revue passieren und sammle alle Eindrücke, die dich am Abend noch umtreiben und belasten:

Lege all diese belastenden Eindrücke – Bilder, Gehörtes, Situationen und andere Erinnerungen – in der Vorstellung in eine Kiste. Am besten, du sagst das laut (oder in Gedanken).

Ich lege die E-Mail von Dagmar in die Kiste. / Ich packe den Ärger über den misslungenen Projektabschluss in die Kiste.

Wenn alles drin ist, klappst du den Deckel zu.
Stelle die Kiste nun in der Vorstellung entweder an einen fernen Ort, wo sie spätestens bis morgen verschlossen bleibt.
Logosynthese®-Variante: Wenn du bisher festgestellt hast, dass Logosynthese bei dir gut wirkt, mach damit weiter: Sage nacheinander die drei Sätze der Logosynthese. Setze als Auslöser diesmal ein: »Das Bild der Kiste mit allem, was darin ist.«
Satz 1: »Ich nehme alle meine Energie, die gebunden ist in dem Bild der Kiste mit allem, was darin ist, an den richtigen Ort in mir selbst zurück.«
Satz 2: »Ich entferne alle Fremdenergie im Zusammenhang mit dem Bild der Kiste mit allem, was darin ist, aus allen meinen Zellen, aus meinem Körper und aus meinem persönlichen Raum und schicke die Energie dorthin, wo sie hingehört.«
Satz 3: »Ich nehme all meine Energie, die gebunden ist in allen meinen Reaktionen auf das Bild der Kiste mit allem, was darin ist, an den richtigen Ort in mir selbst zurück.«
Wenn du noch einigermaßen wach bist: Prüfe, was jetzt anders ist: Wie involviert bist du noch in die Eindrücke des Tages?

Falls es noch eine Belastung gibt, lege den weiteren Auslöser für diese Belastung wiederum in die Kiste und mach einen weiteren Durchgang mit Logosynthese, wie oben beschrieben.

Ich selbst schlafe oft nach dem ersten Logosynthese-Satz ein, schon allein weil das Logosynthese-Vorgehen am Abend recht ermüdend ist. Vor allem jedoch, weil die Kraft der Wachhalter-Gedanken sofort abflaut.

Eine weitere schöne Möglichkeit, friedlich (wieder) einzuschlafen: Wir können einfach zuhören: eine entspannende Musik, kürzere Meditationen oder Schlafgeschichten wie sie etwa die App »Calm« bietet, die beim Zuhören eine friedliche Stimmung schaffen.[2]

Die Schlafbiografie

Zu Beginn unseres Lebens sind wir alle Meister im Langschlafen: 17 Stunden im Durchschnitt schlafen und träumen die Kleinen. Was wir als Kind mit dem Schlafen erfahren haben, prägt unseren späteren Umgang damit. Es gibt Familien, in denen das Schlafen ein entspannter und genussvoller Akt ist. Dann ist es einfach schön, sich bettfertig zu machen, es gibt kleine Spiele, Rituale und zärtliche Momente, in denen das Kind zur Ruhe kommt und schließlich einschläft. In anderen Familien sind die Eltern abends müde und gestresst. Oder sie sind der Meinung, das Kind müsse sich möglichst früh an feste Schlafregeln gewöhnen, wie das eine Zeit lang in Mode war. Oder Insbettmüssen ist eine Strafe – das war in der Generation meiner Großeltern noch üblich. Was meinst du, was das Kind dadurch lernt?

Wie waren Schlafengehen und Einschlafen für dich früher? Du kannst deine schönen Schlaferfahrungen heute wieder aktivieren – und schlafhindernde Erfahrungen ablegen, die dich heute noch beim Schlafen einschränken.

Schlafbiografie

Was bedeutete Schlafen in deiner Familie?

---

*Ich habe mich immer aufs Schlafengehen gefreut. / Es war eine Notwendigkeit. /
Das Schlafengehen war mit Druck verbunden: Wir wollten nie, aber wir mussten.*

Welche Erinnerungen an friedliche Momente beim Zubettgehen, Einschlafen,
nächtlichen Erwachen und beim Aufwachen am Morgen hast du?

---

*Der Vorhang wehte immer so schön im Lufthauch des offenen Fensters. / Meine
Mutter hat uns noch etwas vorgelesen und ist dabei meistens eingeschlafen.
Das war schön und lustig.*

Was war besonders gemütlich und kuschelig?

Meine kleine Schwester kam morgens zu mir ins Bett zum Kuscheln.

Wie haben dir deine Eltern, oder andere beim Einschlafen geholfen?

Mein Vater hat mir was vorgesummt oder merkwürdige Geschichten erzählt.

Wie hast du dir selbst eine friedliche Stimmung geschaffen?

---

*Ich habe gebetet. / Ich habe mir vorgestellt, dass mein Körper mit jedem Atemzug
tiefer in die Matratze einsinkt.*

Dein Resümee: Wie kannst du diese Erfahrungen heute für dich nutzen, um
wohlig und friedlich zu schlafen und einzuschlafen?

Nimm einen tiefen Atemzug:
Wo sind meine Gedanken?
Welche Emotion ist da?
Was sagt mein Körper?

4
DEINEN
RAUM
GESTALTEN

Wir können unseren Raum fürsorglich gestalten:
mit uns allein, zu Hause, bei der Arbeit, unterwegs
und in der Natur. Jeder Raum hat dabei Grenzen,
auf die wir gut achtgeben können: Wo brauche ich
mehr Distanz, wo mehr Nähe? Was und wer soll in
meinem Raum sein – oder auch nicht?

Es gibt innere und äußere Räume, die für deine Selbstfürsorge wichtig sind. In unserem inneren Raum etwa entfalten wir unsere Kreativität und Inspiration, und wir entwickeln uns persönlich. Es ist wichtig, die Grenzen dieser Räume bei Bedarf zu schützen, denn je intakter dein jeweiliger Raum ist, desto besser kannst du ihn nutzen, um dich darin zu entfalten.

Der innere Schaffensraum

Es gibt einen virtuellen Raum in uns, den ich »Schaffensraum« nenne. Vielleicht heißt er für dich anders: Ort der Stille, Self-Care-Ort, Rückzugsort, Kreativraum. Das ist der Raum, in dem du dich selbst und deine Kreativität und Inspiration entfaltest. Du findest dort, was dich ausmacht. Im Schaffensraum vervollständigen wir auch unseren Lernprozess: Nachdem wir den ganzen Tag über Neues aufgenommen haben – wir haben eingeatmet –, atmen wir im Schaffensraum aus: Wir integrieren, verarbeiten, wachsen. Außerdem brauchen wir Zeit, um diesen Schaffensraum zu kreieren: Self-Care-Zeit.

Self-Care-Zeit

Eine aktuelle psychologische Studie weist nach, wie beruhigend und ausgleichend selbst gewähltes, ungefähr 15-minütiges Alleinsein wirkt. Es entsteht der sogenannte Deaktivierungseffekt: Wer vorher emotional aktiviert oder sogar aufgewühlt war, findet zu seinem inneren Gleichgewicht zurück. Allerdings nur bei wirklichem Alleinsein: Wenn die Versuchspersonen ein angenehmes Schwätzchen mit der Versuchsleiterin hielten, oder bei Handynutzung, trat der Effekt nicht ein.

Genau dieses Alleinsein meine ich: In deinem Schaffensraum kann an einem stillen, ungestörten Ort deine tägliche Self-Care-Zeit stattfinden: eine Viertelstunde ausklinken. Tür zu. Telefon aus. Flugmodus an. Langsam werden, zu dir finden. Es geht in dieser Zeit *nur um dich*. Viele meiner Teilnehmenden richten sich ihre Self-Care-Zeit am Abend beim Tagesausklang ein, aber das hängt von deinen Vorlieben und Möglichkeiten ab.

Diese 15 Minuten sind unendlich wertvoll. Viele, mit denen ich arbeite, erzählen, dass sich durch diese tägliche Zeit unzählige positive Effekte in ihrem Leben einstellen: Freude, Kreativität, Selbstwertgefühl, Klarheit und Produktivität nehmen zu. Ebenso innere Ruhe, Gelassenheit und Ausgeglichenheit. Ich habe einen schönen Satz von Bob Marley gelesen, der dazu passt: »Der Tag, an dem du aufhörst zu rennen, ist der Tag, an dem du das Rennen gewinnst.«

>> *Der Tag, an dem du aufhörst zu rennen,*
ist der Tag, an dem du das Rennen gewinnst.

Nur eine Viertelstunde soll so viel ausmachen?, denkst du jetzt vielleicht. Ja, tatsächlich, diese täglichen 15 Minuten machen den Unterschied: Sie sind das eine Prozent deines Tages, das die restlichen 99 Prozent erstrahlen lässt.

>> *15 Minuten Self-Care-Zeit sind das eine Prozent deines*
Tages, das die restlichen 99 Prozent erstrahlen lässt.

Wie könnte deine Self-Care-Zeit aussehen? Es gibt so viele Möglichkeiten wie Menschen. Hier sind ein paar Beispiele:

Schaffensraum

Flugmodus: Handy und ähnliche Geräte abschalten und weiter entfernt ablegen.

Denken besänftigen:

- Leg deine gedankliche To-do-Liste beiseite.
- Denke an das, was du jetzt tust (zum Beispiel schreiben), und nicht mehr an das, was vorher war.
- Zeit spielt für die nächsten 15 Minuten (oder auch mehr) keine Rolle.

Pulsatmen: Verbinde Puls- und Atemrhythmus zum Pulsatmen.

Schaffensraum kreieren: Gestalte um dich einen Raum, den du nur für dich allein hast. Das kann ein äußerer Raum sein – dein Wohnzimmer. Das kann ein innerer Raum sein, dessen schützende Grenzen du dir vorstellst. Hier sind Ideen für Schaffensräume:

- Am Abend mit dem Self-Care-Journal schreibdenken, nachsinnen, still werden. Auf die friedliche Stimmung und die fernen Geräusche lauschen.
- Ein morgendlicher Spaziergang um den Häuserblock, durch den Park oder Wald, am Feld entlang.

- Am Tag auf einer Bank sitzen, und das Gesicht der Sonne zuwenden, selbst wenn die Sonne hinter den Wolken ist.
- Entspannt im Garten arbeiten, die Natur und das Wachstum der Pflanzen beobachten.
- Ein Bad nehmen mit Lieblingsduft und -musik, währenddessen du genussvoll deinen Körper spürst, wie er sich entspannt und regeneriert.
- Kreativ tätig sein mit malen, schreibdenken, singen, Musik machen, tanzen.
- Kontemplation oder Meditation.
- Ein Buch lesen, eine schöne Zeitschrift durchblättern oder die Bilder aus einem Kunstkatalog wirken lassen.
- Musik hören, jede einzelne Melodie, die Instrumente, den Sänger, die Sängerin. In der Musik aufgehen, an nichts anderes denken.

Wie nimmst du die Stille, die Geräusche oder Klänge, die Zeitlosigkeit des Moments in dem Raum um dich wahr?

Welche Impulse entstehen aus der Ruhe heraus: Gedanken, Bilder, Emotionen, Körperwahrnehmungen, Handlungsimpulse?

In unserem Alltag sind in der Regel viel mehr Dinge zu tun, als wir leisten können. Es gibt immer noch etwas zu tun. Doch wir können diesem Schaffensraum trotzdem die Priorität geben. Dann wird es ihn geben. Sonst nicht. Kreieren wir unseren Schaffensraum und suchen wir ihn jeden Tag auf.

>> *Kreieren wir unseren Schaffensraum und suchen wir ihn jeden Tag auf. Sonst ist er nicht da.*

Der persönliche Raum

Außerhalb unserer physischen Körpergrenze, der Haut, beginnt unser persönlicher Raum, der noch unmittelbar zu uns gehört. Wenn uns jemand zu nahe kommt, ist er in diesen persönlichen Raum eingedrungen. Ich stelle dir eine Übung vor, bevor ich lange versuche, etwas zu erklären, was man eigentlich nur erfahren kann. Für viele meiner Teilnehmenden ist diese Erfahrung des persönlichen Raums ganz neu. Wenn du einen Sinn für deinen persönlichen Raum entwickelst, merkst du, dass du mehr bist als dein physischer Körper. Das hilft dir zum Beispiel beim Grenzensetzen – was essenziell wichtig für Self Care ist. Es gibt bei der Übung keine Regeln, kein Richtig oder Falsch, Gut oder Schlecht – ein großer Raum ist nicht besser als ein kleiner.

Persönlicher Raum

Wie fühlst du deine Haut, die äußere Grenze deines Körpers, ohne sie mit den Händen zu berühren?

Warm / kühl / trocken / gespannt / juckend / brennend / weich

Wie fühlst du mit der Haut, was außerhalb deines Körpers ist?

Ich fühle den Stoff meiner Hose an den Knien. / Das Sofakissen drückt sich gegen meinen Rücken. / Die Luft weht ganz schwach über meine Haut im Gesicht.

Wie nimmst du den Raum um dich wahr? Vermutlich siehst du ihn, aber vielleicht hörst, riechst, spürst, schmeckst du auch etwas?

Ich sehe eine durchsichtige Blase, die beweglich wabert. / Eine blaue Wolke. / Ich höre ein leises Rauschen um mich. / Es riecht frisch, wie am Meer.

Wie sind die Ausmaße deines Raums: Wo beginnt er? Wie groß ist er, also wie weit dehnst du dich mit diesem Raum aus? Wo fängt der Raum an, der nicht zu dir gehört?

Ungefähr einen halben Meter um mich / nach vorn mehr als nach hinten / bis über mein Zimmer hinaus, bis zum gegenüberliegenden Haus

Wie nimmst du die Grenze deines Raumes wahr?

Eine dünne Schicht / das Ende der blauen Farbe – ein Farbwechsel

Stell dir nun eine oder nacheinander mehrere andere Personen vor: Welcher Abstand ist dir mit dieser Person zu nah? Was ist dir zu weit entfernt? Welche Distanz ist mit dieser Person genau richtig?

Dehne jetzt deinen Raum aus. Wie weit kannst du das? Was ist angenehm? Was ist unangenehm?

Verkleinere jetzt deinen Raum. Wie weit kannst du das? Was ist angenehm? Was ist unangenehm?

Auch im Alltag kannst du ab und zu mal darauf achten: Was ist gerade mit deinem persönlichen Raum? Wenn wenig Platz ist, in einer überfüllten Bahn oder bei einem Konzert, verkleinerst du ihn vielleicht, oder du schließt andere Menschen mit ein. Mit der Zeit entwickelst du einen selbstverständlichen Sinn dafür.
Jenseits des persönlichen Raums beginnen die Räume, in denen wir uns in unserem Leben bewegen: Wohnräume, Arbeitsräume, Draußenräume in der Stadt, in der Natur.

Behütet wohnen

Als meine Freundin die Tür öffnet, klingt hinter ihr soulige Musik bis in den Flur, zusammen mit einem frischen Duft. Während wir ins Wohnzimmer spazieren, registriere ich weitere Details: Das Sofa ist heute aus der Ecke unters Fenster gerückt, und auf der Kommode lehnt eine neue Postkarte, mit einer Berglandschaft. Es ist aufgeräumt. Immer stehen ein paar Blumen auf dem Tisch, wenn ich zu Besuch komme. Mal eine einzelne Blüte in einem Glas mit Wasser oder der Zweig von einem Baum, manchmal auch ein Strauß. Später essen wir zusammen, und neben dem Teller liegt eine Papierserviette mit Blumenmuster. Ich sehe ihr zu, wie sie eine neue Kerze befestigt und bedächtig anzündet. Ihre Langsamkeit und die friedliche Stimmung tun mir gut, ich werde ruhiger und bemerke nun immer mehr Details, über die ich mich freue. Ich kann aufatmen.

Unser Wohnraum gehört fast direkt zu unserem persönlichen Raum. Wenn wir ihn wichtig nehmen, nehmen wir uns selbst wichtig. Was du brauchst, um dein Zuhause wohnlich, gemütlich und einladend zu gestalten? Eigentlich nicht so viel. Es muss zum Beispiel nicht viel Geld kosten. Eher geht es um die Freude an deinem Zuhause und deiner Aufmerksamkeit und Sorge dafür. Auch Dankbarkeit kann eine Rolle spielen: zum Beispiel, dass du überhaupt ein sicheres Zuhause hast. Wie kannst du dafür sorgen, dass dein Wohnraum dir guttut und wiederum gut für dich sorgt?

Wohnraum

Lass dich in deinem Zuhause an einem guten Platz nieder und achte auf alle Sinneswahrnehmungen: Schau herum, höre auf die Geräusche drinnen und draußen, wie riecht es, was spürst du?

Wie nimmst du dein Zuhause als Ganzes wahr? Welche Stimmung und Ausstrahlung herrscht hier?

Weit / ruhig / beengt / zu voll mit Kram / unaufgeräumt / chaotisch / zu kalt

Was hast du gerne in deinem Zuhause? Was tut dir gut?

Es soll schön warm sein. / aufgeräumt / Musik, wenn ich heimkomme. / Endlich Stille! / viele Menschen / üppig viele Pflanzen / mein Hund / frisch gelüftet, offene Fenster / Ab jetzt kein Fernseher mehr mitten in meinem Raum.

Hast du einen Raum für dich allein? Wenn nicht, wie könntest du dir einen solchen Raum schaffen?

Unsere Wohnung ist zu klein, aber ich werde einen Raumteiler in der linken Wohnzimmerecke aufstellen, sodass ich dort in Ruhe sitzen und schreiben kann.

Wenn du heimkommst: Wie könntest du den Übergang in deine private Welt mit Ritualen markieren, um das Leben draußen zu lassen. Was tust du, um zu Hause anzukommen?

Kleidung wechseln / duschen / Fußbad / Wasser trinken / dehnen und strecken, dann ausruhen auf dem Sofa / Lieblingsmusik anschalten

Denke dir für jeden Raum ein Self-Care-Objekt aus, das deinen Raum wohnlicher macht. Gestalte kreativ, mit deinem Sinn für Schönheit. Was fällt dir ein?

Ein Lautsprecher für Musik in der Küche / schöne Bilder an der Wand neben dem Fenster / eine warme Decke auf dem Sofa im Wohnzimmer, die zum gemütlichen Ausruhen einlädt / Verdunkelungsvorhänge im Schlafzimmer / ein flauschiger Teppich mitten in der Diele

Der Arbeitsraum

Manchmal erzählt jemand, wie schön alles zu Hause eingerichtet ist. Aber das Bürozimmer ist kahl, eine halb vertrocknete Zimmerpflanze steht in der Ecke, ein verblichenes Foto von einem Palmenstrand ist am Bildschirm befestigt. Wie wäre es, auch den Arbeitsplatz schön einzurichten? Mit immer mal wechselnden Bildern an den Wänden, Musik, aufgeräumtem Schreibtisch? Aber zum Arbeitsraum gehören noch ganz andere Dinge, die wir gestalten können.

Die Grenzen schützen

Der Arbeitsraum ist mehr als ein Zimmer, das man verschönern kann. Jeder Raum hat Grenzen. Um die Grenzen bei der Arbeit tobt oft ein harter Kampf: Wie lange wird gearbeitet, wie viele Überstunden, Urlaubszeiten, Pausenzeiten? Wer vertritt diesmal die Kollegin, wer darf früher gehen? Auch die räumlichen Grenzen sind interessant: Kommen andere Leute einfach rein? Wann dient das Kommen und Gehen einem entspannten und kreativen Austausch – wann ist es nervige Störung? Schauen wir uns die verschiedenen Grenzen an.

Grenzen bei der Arbeit

Kraftgrenzen

Wann bräuchtest du eine Pause, weil du erschöpft oder müde bist – statt eines Kaffees und des nächsten Meetings?

Was kannst du tun, um deine Kraftgrenzen zu schützen und bei Kräften zu bleiben?

Zeitgrenzen

Zu welchen Tageszeiten und wie viele Stunden arbeitest du pro Tag, pro Woche?

Wie wohl fühlst du dich mit diesen Zeiten? Auf einer Skala von 0 bis 10:

Was wäre besser? Wie kannst du davon etwas umsetzen?

Raumgrenzen

Wie wohl fühlst du dich in deinem Arbeitsraum? Auf einer Skala von 0 bis 10:

Wie oft wirst du durch Störungen aus der konzentrierten Arbeit gerissen?

Was brauchst du räumlich, um konzentriert und störungsfrei zu arbeiten? Wie kannst du davon etwas umsetzen?

Resümee

Deine Grenzen bei der Arbeit: Was willst du verändern?

Nicht alle Grenzen bei der Arbeit können wir gestalten und effektiv schützen. Wir arbeiten und leben in einem Gefüge, in dem auch andere Interessen und Bedürfnisse als die eigenen eine Rolle spielen. Wenn du nun mal in einem Büro mit vier Kolleginnen sitzt oder sogar in einem Großraumbüro arbeitest, sind deine Möglichkeiten für äußere Veränderungen begrenzt. Es gibt aber eine andere Ebene, die du selbst gut beeinflussen kannst und die sich auf dein ganzes Leben auswirkt: dein Umgang mit elektronischen Geräten – bei der Arbeit, in den Pausen, im Privaten.

Die Macht der digitalen Geräte

In den letzten Jahren haben uns die Möglichkeiten der digitalen Medien begeistert – und überrumpelt. Wir haben mitgemacht, uns daran gewöhnt, bis wir inzwischen alle drei Minuten auf unser Handy gucken. Nach der Begeisterung wachen immer mehr Menschen wieder auf, weil wir die negativen Folgen bemerken. Es ist Zeit für eine Veränderung. Erst wenn wir die Macht der digitalen Geräte über unser Leben wieder entkräften, kommen wir wirklich bei uns selbst an. Die folgenden Vorschläge sind nicht so leicht, wie sie auf den ersten Blick aussehen – viele Menschen sind längst süchtig nach dem ständigen Blick ins Smartphone.

Probiere mal aus, welche Erfahrungen du mit den folgenden Vorschlägen machst, zum Beispiel eine Woche lang. Es könnte dein konzentriertes, damit produktiveres und befriedigendes Arbeiten tiefgreifend unterstützen. Zugleich ist es interessant, mehr darüber herauszufinden, wann und warum du diesen Ideen möglicherweise nicht folgen konntest, obwohl du es wolltest. Was hat dich abgehalten? Was zieht dich zu den Geräten hin? Wofür könnte das ein Ersatz sein? Wovon eine Ablenkung?

Digitale Diät

Welche dieser sieben Vorschläge magst du mal ausprobieren? Zum Beispiel an jedem Tag dieser Woche – oder an jedem Tag einen anderen?

- Push-Benachrichtigungen bei Smartphone, Tablet und Laptop sowie Ton- und Vibrationsalarm so oft wie möglich abstellen.
- Die Bildschirme der Geräte verdecken: zum Beispiel umgedreht auf den Tisch legen, geschlossene Hülle benutzen.
- Automatischen E-Mail-Empfang abstellen, auch am Computer: *Du* bestimmst, wann du Nachrichten empfangen willst, niemand anders.
- Von allen Newslettern abmelden, die du nicht sehnlich vermissen würdest.
- Zweimal am Tag eine Stunde alle elektronischen Geräte weglegen – oder zumindest für die zwei Stunden in den Flugmodus schalten.
- 90 Minuten vor dem Schlafengehen alle Geräte ausschalten.
- Deinen Sonntag vollkommen offline und ohne Bildschirme verbringen.

Sinnesreize

Bringt dich die Kollegin auf die Palme, die nebenan gerade zu laut telefoniert? Oder tritt ihre Stimme in den Hintergrund, weil du sie ausblenden kannst, wenn du eine E-Mail beantwortest? Wie und wie stark wir Reize wahrnehmen, ist relativ. Mit der Übung lernst du, gelassener über die Reize hinwegzugehen, die du nicht haben willst, und innerlich still zu werden.

Sinnesreize ausblenden

Höre auf die offensichtlichen Geräusche, Stimmen, Töne, Klänge – die oberste, lauteste Schicht der Höreindrücke: Was genau hörst du?

Das Autogeräusch auf dem Kopfsteinpflaster.

Höre jetzt nur noch auf die dahinterliegenden Geräusche: Was hörst du dort?

Die Stimmen auf dem Flur.

Lass nun auch diese Eindrücke beiseite und höre, was wiederum dahinter kommt. Was hörst du?

Vögel: ein Spatz, zwei Krähen.

Und dahinter?

Mein Atemgeräusch. Der Stuhl hat gerade leise geknarrt.

Du kannst das auf andere Sinneswahrnehmungen übertragen: von einem unangenehm starken Geruch zum feinen Duft deiner Haut. Von den schreiend bunten Plakatwänden zu einer Lichtreflexion an der Wand.

Viele Neins für das eine Ja

Wenn es um den Umgang mit Grenzen bei der Arbeit geht, gehört das Nein-sagen dazu: Wann und wie sagst du »Nein« zu einer Anfrage? Für ein Nein müssen wir zuerst einmal herausfinden, wann wir Ja oder Nein sagen wollen. Diese Entscheidungsfragen können dir helfen:

Die eine Sache

Welches ist die *eine* Sache, die dir zurzeit wirklich wichtig ist?

Wie gut passt diese eine Sache zu dem, worum dich jemand angefragt hat?
Auf einer Skala von 0 bis 10:
Ab 7 spricht es langsam für ein Ja. Alles andere ist ein Nein.

Stell dir vor, die anfragende Person wäre bei deiner Absage nicht enttäuscht:
Würdest du dann immer noch ein Ja in Betracht ziehen?

Wenn du Nein sagen würdest: Was würdest du in der Zeit tun, die du sonst nicht hättest?

An diesem Abend würde ich mich sonst ausruhen. / mit meinem Sohn den Tag verbringen / mit meinen Freunden Musik machen

Self Care bedeutet Fokussierung auf das Wesentliche. Alle deine »Neins« zusammen kreieren den Raum, in dem sich das eine »Ja« entfalten kann.

» *All deine »Neins« zusammen kreieren den Raum, in dem sich das eine »Ja« entfalten kann.*

Wenn wir keine Grenzen setzen und alles machen wollen, machen wir nichts richtig, und irgendwann können wir nicht mehr. Ich habe jahrelang schnell und begeistert Ja gesagt. In dieser Lebensphase war das gut und richtig so. Bis eine Zeit kam, in der meine Kräfte erschöpft waren. Da wusste ich von einem Tag auf den anderen: Ich muss mich entscheiden. Und nach dem ersten Anlauf ging es erstaunlich leicht, und ich wurde im Handumdrehen von der Ja- zur Neinsagerin.

Wir müssen eine selbstverständliche Nein-Haltung entwickeln, sonst mühen wir uns bei jedem Nein neu ab. Viele sagen jedoch Ja, obwohl sie Nein meinen, weil sie große Mühe haben, andere zu enttäuschen. Wie schaffen wir das Nein trotzdem?

Absagen und andere enttäuschen

Wohl kaum jemand enttäuscht gerne andere. Weil wir dann ein schlechtes Gewissen bekommen, oder weil wir keinen Konflikt riskieren möchten, weil wir gemocht werden wollen. Beim Absagen droht meist die Enttäuschung des anderen. Wenn wir jedoch freundlich und wertschätzend absagen, ist die Absage für die andere Person viel leichter zu verkraften und zu akzeptieren. Ich weiß von vielen Menschen, die mangels konkreter Formulierungen gänzlich am Neinsagen scheitern.

Deshalb kann es hilfreich sein, dir Absagestrategien zurechtzulegen, auf die du im Ernstfall zurückgreifen kannst. Ich habe hier eine Liste zusammengestellt in dem Wissen, dass sehr spezifische Vorschläge immer eine Kehrseite haben: Es kann leicht sein, dass sie nicht zu dir passen. Wähle einfach aus, was für dich stimmig ist, oder nimm die Liste als Inspiration für deinen eigenen Absagestil.

Vorbereiten

Vorwarnen: So sind andere schon vorbereitet, du kannst in Ruhe überlegen, und dein späteres Nein fällt weniger hart oder überraschend aus: *»Ich habe vor Kurzem beschlossen, weniger zu machen, deshalb kann es sein, dass ich ablehnen muss.« /»Ich ahne schon, dass es vielleicht nicht klappt, aber ich überlege erst in Ruhe und melde mich dann wieder.«*

Abstand zwischen Anfrage und Antwort: Wenn du zu leicht begeistert bist und zusagst, erst hinterher merkst, dass du das gar nicht machen oder schaffen willst, kann ein zeitlicher Abstand sinnvoll sein: innerlich bis drei zählen und währenddessen die eigenen Möglichkeiten und Grenzen durchgehen. Oder eine Standardformulierung sagen: *»Ich weiß, dass ich immer schnell begeistert bin. Deshalb habe ich für mich die Regel, immer erst mal darüber zu schlafen. Ich gebe dir morgen Bescheid.«* Dann zum Beispiel erst einen Freund fragen, der dich gut kennt.

Absagen

Schnell absagen: Abwarten macht es nicht leichter. Schnell absagen ist ein Zeichen von Respekt, und du hast deine Energie wieder für anderes frei.

Mit Liebe und Mitgefühl absagen – das ist eine Haltungsfrage.

Danken: dafür, dass die Person an dich gedacht hat; für die Ehre; für die Möglichkeit der Zusammenarbeit und so weiter.

Wertschätzen: das Projekt; die Leistung, die die andere Person bringt – es gibt immer etwas wertzuschätzen.

Bedauern, aber nicht entschuldigen: Wenn es stimmt, kannst du bedauern, dass du die Möglichkeit verpasst, aber entschuldige dich nicht fürs Neinsagen – du hast nichts falsch gemacht.

Den wahren Grund nennen: Deine Beweggründe und den Zusammenhang zu verstehen hilft der anderen Person, deine Absage zu akzeptieren. Sage immer die Wahrheit. Bleibe aufrichtig.

Die Intuition benennen: Wenn der Grund der anderen Person nicht helfen würde oder wenn du den Grund nicht nennen willst, kann die intuitive Entscheidung reichen: *»Mein Bauchgefühl sagt Nein, ich kann dir keinen logischen Grund nennen.«*

»Nein«: Und wenn du all das nicht willst oder es nicht passt, gibt es immer noch das freundliche und direkte »Nein« in all seinen Varianten. »Nein« ist ein ganzer Satz. Auch hier macht der Ton die Musik.

Eine Alternative geben: Eine andere Person vorschlagen oder anfragen. So kannst du für jemanden da sein, ohne die Sache selbst zu machen.

Gute Wünsche: So zeigst du deine emotionale Beteiligung und hilfst auch so dem Projekt.

Die universelle Absageformel

Dank / Wertschätzung – (Bedauern) – Absage – ehrlicher Grund eigene Situation – Wünsche

Ich danke dir herzlich für deine Anfrage, von der ich mich geehrt fühle. (Ich bedauere, nicht dabei zu sein.) Obwohl ich nicht zusagen kann, weil mein Bauchgefühl Nein sagt / ich längerfristig meine Kräfte schonen muss, wünsche ich dir dennoch von Herzen viel Erfolg mit dem Projekt.

Solche Strategien können helfen. Dahinter spielt jedoch vor allem deine Haltung eine Rolle, und das ist das Einzige, was wir bei einer Absage in der Hand haben – nicht die Reaktion der anderen Person. Neben der Angst zu enttäuschen spielt das schlechte Gewissen wohl die wichtigste Rolle beim Zurückscheuen vor Absagen. Die oft tief verankerten Gründe, die uns hindern, sind individuell: Vielleicht hat jemand erlebt, dass andere wütend wurden oder vor lauter Enttäuschung mit Liebesentzug bestraft haben, wenn du Nein gesagt hast.. Anderen ein schlechtes Gewissen machen zu wollen ist eine gängige Strategie, um Leute zu etwas zu bewegen. Wenn wir alle Dynamiken durchschauen, wird es leichter, freundlich, mit Liebe und Mitgefühl Nein zu sagen, und dann ist das Neinsagen ein Akt der Aufrichtigkeit und des Respekts.[1]

» *Wenn wir freundlich, mit Liebe und Mitgefühl Nein sagen, ist das Neinsagen ein Akt der Aufrichtigkeit und des Respekts.*

Und genauso fühlen sich andere dann auch behandelt. Du wirst möglicherweise viel Respekt für deine klare, freundliche Absage ernten.

Fokussieren und Pausieren

Die Zahlen sind erschreckend und in verschiedensten Studien belegt: Heute fühlen sich Menschen bei der Arbeit doppelt so häufig gestört wie noch vor 20 Jahren. Im Schnitt alle drei Minuten unterbrechen wir uns selbst oder werden gestört – vor allem durch eintreffende E-Mails, Telefonanrufe oder persönliche Kontakte. Wenn wir einmal abgelenkt sind, kann es bis zu 23 Minuten dauern, bis wir wieder bei unserer ursprünglichen Aufgabe sind. Das ist dramatisch. Denn ungestörtes, fokussiertes Arbeiten macht uns froh und produktiv. Wenn Störungen häufig passieren, sind wir im Lauf des Tages irgendwann überflutet, gerädert, gestresst. Die Widerstandskraft gegen Störungen lässt zudem im Lauf des Tages nach. Es wäre nun einfach zu sagen: Lass dich nicht ablenken. Aber das geht nicht so einfach. Dann schaut man eben doch ständig ins Internet und mit der Zeit immer häufiger in den E-Mail-Posteingang. Es gibt einen Dreh, der uns entscheidend hilft, fokussiert zu bleiben: Pausen.

Pausen und Produktivität

Mikropausen, Arbeitspausen, Nickerchen, Nachtschlaf, freier Wochentag, freies Wochenende, Wochenurlaub, Jahresurlaub, Sabbatical. Wenn wir pausieren, kommen wir zur Ruhe. In der Zeit, in der etwas ruht oder nicht getan wird, erholen wir uns nach körperlicher, geistiger und emotionaler Anstrengung, schöpfen neue Kraft und bereiten den Boden für die darauffolgende Leistungsphase. Große Wissenschaftler und Schaffende wie Virginia Woolf, Albert Einstein und Thomas Mann wussten um den Zusammenhang von Muße und Produktivität. Viele von ihnen arbeiteten nicht länger als vier bis sechs Stunden. Der Rest war … Pause.

Die Entdeckungen aus Schlafforschung, Psychologie und Neurowissenschaften belegen: Erst durch genügend häufige, gut genutzte Pausen werden die Arbeitsphasen schöpferisch, produktiv und fokussiert. Und damit befriedigend. Sie schaffen die Voraussetzung für Begeisterung, Innovationskraft und Lernfähigkeit, denn sie sorgen dafür, dass wir Informationen verarbeiten, einordnen und neue Zusammenhänge herstellen können. Und ganz grundsätzlich gilt: Wenn sich Anspannung und Entspannung abwechseln, bleiben wir gesund.

Erst durch Dauerstress ohne fehlende Erholung schädigen wir unsere Leistungsfähigkeit und Gesundheit. Wenn wir keine Pausen machen, sind wir ständig beschäftigt, aber nicht produktiv, wir sind überarbeitet, aber unterfordert, wir sind ständig unterwegs, aber kommen nicht an.

» *Wenn wir keine Pausen machen,*
sind wir ständig beschäftigt, aber nicht produktiv;
wir sind überarbeitet, aber unterfordert;
wir sind ständig unterwegs, aber kommen nicht an.

23 Prozent der Beschäftigten in Deutschland machen keine Pausen, jeder Achte kommt sogar krank zur Arbeit. Viele meinen auch, Pausen könnte man leicht weglassen oder andere Arbeit in deine Pause hineinzwängen. Oft werden Pausen gar als unproduktives »Herumgammeln« abqualifiziert: Wer wirklich hart arbeitet, macht keine Pausen? Wer öfter pausiert, kostet den Arbeitgeber soundso viele Euro Lohn? Was für ein fataler Trugschluss in unserer überarbeiteten Gesellschaft. Damit zerstören wir das Fundament, auf dem unsere Gesundheit und Produktivität sowie unsere schöpferischen Prozesse aufbauen. Warum tun wir das?

Es gibt wohl viele Gründe: Der Perfektionismus treibt uns an, oder wir haben gelernt, Pausen seien nicht produktiv, oder die Kultur am Arbeitsplatz ist pausenfeindlich. Nach meiner Beobachtung ist der rastlose Arbeitsstil recht häufig auch eine Camouflage-Strategie, um damit Angst, Unsicherheit und Zweifel zu verdecken, die wiederum unangenehme primäre Emotionen auslösen würden. In der Pause plötzlich zweifeln, ob der Projektplan so funktionieren kann? Dann lieber keine Pause machen und schnell weiterarbeiten, um bloß kein Unsicherheitsgefühl zu erleben? Dass nicht nur Pausen eine gute Sache sind, sondern auch das, was in den Pausen stattfindet – dafür könnte sich langsam ein Verständnis in unserer Gesellschaft entwickeln. So zeigt zum Beispiel Emanuel Koch in seinem Buch »Die positive Kraft des Zweifelns«[2], warum gerade Unsicherheit ein Erfolgsfaktor ist und dass wir als gesamte Gesellschaft vom Innehalten und Zweifeln profitieren würden.

Pausen gestalten

Es kann aber auch sein, dass wir gar nicht bemerken, dass wir Pausen bräuchten. Viele Menschen sind viel zu aktiviert dafür, sie nehmen ihre Erschöpfung oder Müdigkeit nicht mehr wahr. Dann kann es helfen, sich Pausenanzeiger zu schaffen. Eine Möglichkeit sind visualisierte Signale vor dem inneren Auge: Man kann sich vorstellen, dass ein Zeiger wie auf einer Uhr von zwölf – höchster Energielevel – bis auf drei fallen kann, dann beginnt der Regenerationsbedarf. Ab vier wird es dann langsam kritisch, gegen fünf oder sechs ist dringend eine Pause nötig.

Wenn du mit solch bewusster Wahrnehmung des Pausenbedarfs experimentierst, kannst du herausfinden, was du brauchst: Wie lange, wie oft ist es für dich sinnvoll zu pausieren? Und wie gestaltest du deine Pausen, sodass sie zu Krafttankstellen werden, die dich erfrischen, erholen, kreativ und produktiv werden lassen? Die dich verlangsamen, wenn du zu schnell gedreht hast? Vor allem die Qualität der Pausen ist entscheidend, und die Daumenregel für Pausengestaltung lautet: In die Pause gehört das Gegenteil der Arbeitstätigkeit.

» *In die Pause gehört das Gegenteil der Arbeitstätigkeit.*

Nehmen wir mal die Bildschirmarbeit im Büro: Vielleicht hast du während der Arbeitsphase weitgehend bewegungslos mit wenig Blinzeln in einer recht nahen Entfernung auf den Bildschirm gestarrt und in hohem Tempo komplizierte Gedankengänge verfolgt. In der Pause würdest du als Gegenbewegung also aufstehen, deine Muskeln lockern, dein Denken ruhen lassen, viel blinzeln, den Blick aus dem Fenster in die Ferne schweifen lassen, die Vögel am Himmel verfolgen oder auch die Augen schließen – langsam werden. Gerade das Langsamwerden – die Voraussetzung für Geduld – ist eine sehr wichtige Gegenbewegung zum hohen Arbeitstempo. Wir können jede Fünfminutenpause und jede Wartezeit nutzen, um uns in Geduld zu üben. Geduld ist nicht die Fähigkeit zu warten, sondern die Kunst, *wie* wir warten.

» *Geduld ist nicht die Fähigkeit zu warten, sondern die Kunst, wie wir warten.*

Zeichne Linien auf ein Blatt oder hier: für einen Tag, eine Woche, einen Monat, ein Jahr, die nächsten sieben Jahre.

Markiere darauf, wie du Pausen integrieren willst: Wann? Wie lange? Wie oft?

Sekundenpausen, 5-Minuten-Pausen, Mittagessenpause, Nickerchen, Nachtschlaf, 1 Tag pro Woche, 2 Tage pro Monat, 1 Woche pro 3 Monate, 1 Monat pro Jahr, 1 Jahr pro 7 Jahre

Wie pausierst du in diesen Pausen am liebsten?

Aufräumen / spazieren gehen / Natur, Essen / Nickerchen / spielen / putzen / klettern / musizieren / malen / langsam werden

Übrigens: Das ein- bis zwanzigminütige Nickerchen am Tage ist eine enorm produktivitätssteigernde und erholsame Pause: Sie erspart dir Konzentrationsprobleme und Nachmittagsmüdigkeit sowie viele Tassen Kaffee.

Monotasking

Im Lauf der letzten Jahre bin ich bei meiner Arbeit am Computer immer öfter von einer Aufgabe zur nächsten gesprungen. Das war ein schleichender Vorgang, der mir erst nach und nach aufgefallen ist. Ich war unbemerkt von meinem vorherigen hochfokussierten Monotasking- zum Multitasking-Modus gewechselt. So wie mir geht es fast allen, die mit moderner Technik arbeiten, und so sind die Möglichkeiten interessant, die uns wieder zurückbringen in den kräfteschonenden, produktiven Monotasking-Modus.

»   *Monotasking statt Multitasking.*

Die Pomodoro-Technik hat meiner Erfahrung nach das Zeug dazu, den Monotasking-Modus wieder einzuüben, und sie ist viel mehr als ein kleiner, strenger Zeitmanagement-Trick. Ursprünglich verwendete der Erfinder der Technik, Francesco Cirillo, dafür einen Küchenwecker in Tomatenform, die der Technik ihren Namen gab. Heute gibt es für die vielen begeisterten Anwender Apps, Software und browserbasierte Pomodoro-Timer. Ich nutze die Technik für kreative (Schreib-)Prozesse und andere anspruchsvolle Aufgaben, die hohe Konzentration und Störungsfreiheit benötigen. Sie hat mich zu dem hochfokussierten Arbeiten zurückgeführt, das für mich bis vor ein paar Jahren normal war. Auch die Teilnehmenden meiner Schreibprogramme profitieren enorm. Aber ausprobieren ist besser als lesen.

Fokussiert arbeiten

Voraussetzung ist eine möglichst ablenkungsfreie Umgebung.
Tür zu / »Bitte-nicht-stören«-Schild / Handy im Flugmodus / Telefon aus oder umleiten / E-Mail-Benachrichtigung aus / Ohrstöpsel / Kopfhörer / Musik.
Notiere für eine Aufgabe, die vor dir liegt (nicht zu groß), was dafür zu tun ist.
Stelle einen Wecker auf 25 Minuten und beginne mit der Aufgabe. Du kannst die Zeiten variieren und an deinen persönlichen Rhythmus anpassen. Wenn du magst, arbeite mit Musik.
Arbeite absolut konzentriert und mit der *einen* Aufgabe: Monotasking statt Multitasking.
Wenn das Weckersignal ertönt, unterbrich sofort, hake auf deiner Liste ab, was du geschafft hast, und pausiere für fünf Minuten. Stehe dafür auf und tue das Gegenteil dessen, was du in der Arbeitsphase getan hast.
Nach diesen fünf Minuten kommt der nächste Zyklus: Arbeite wieder 25 Minuten und pausiere danach 5 Minuten.
Lege nach vier Einheiten eine viertel- bis halbstündige Pause ein.

Wenn du Lust hast, damit zu experimentieren, dann am besten über ein paar Wochen, zum Beispiel täglich zwei Stunden bei deiner Arbeit. Erst dann entfaltet sich durch den Übungseffekt die volle Wirkung.

Vielleicht bemerkst du, dass diese Technik nicht nur eine Arbeitshilfe, sondern auch eine grundlegende Strategie für einen fokussierten Lebensstil ist, weil du wieder lernst, dich abzuschotten, zu konzentrieren und wirklich auf eine Sache zu fokussieren, ein klareres Zeitgefühl zu entwickeln und öfter kleine Pausen zu machen sowie einen regenerativen Arbeitsstil zu etablieren. Dagegen verlernst du, dich zu überarbeiten und in Aufgaben zu versinken. All das sind wunderbare Wirkungen, die durch den bewussten Wechsel zwischen konzentrierten Arbeitsphasen und erholsamen Pausen entstehen.

In der Natur sein

Als Kind war mein Zuhause fast mehr die Natur als unsere Wohnung. Meine Schwester und ich hatten Nester in Bäumen und geheime Höhlen im Wald, gebaut aus Zweigen und Ästen. Ich bin ständig in Bäume geklettert. Später war ich mit ausgeliehenen Hunden unterwegs. Stundenlang streiften wir durch die Berliner Wälder, über den Teufelsberg und an Seen entlang. Heute gehe ich in die Natur, und nach ein paar Minuten registriere ich: »Ich bin drin.« Ich erkenne den Geruch der regendurchtränkten und der sonnengetrockneten Erde, jedes Blatt, die Stimmen der Tiere und Vögel.

Im Kapitel »Deine Gefühle hegen« habe ich über die positive Wirkung von Natur, Wasser und Bäumen auf Stimmung, Selbstwertgefühl und Stresspegel geschrieben. Forscher finden inzwischen auch immer mehr über die heilende Verbindung zwischen Menschen und Natur heraus. Es gibt etwas in der Waldluft, das nicht nur unsere Stimmung hebt, sondern uns auch schneller gesund werden lässt und vor Krankheiten schützt. Es scheint so zu sein, dass Pflanzen über Duftstoffe – die sogenannten Terpene – mit anderen Lebewesen und damit auch mit unserem Immunsystem kommunizieren und es positiv beeinflussen.

Der Medizinprofessor Qing Li von der Nippon MedicalSchool in Tokio etwa fand heraus, dass in Waldgebieten oder gründen Stadtvierteln signifikant weniger Menschen an Krebs sterben als in unbewaldeten Gegenden. Und eine kanadische Studie ergab: Je mehr Bäume in der Nähe eines Menschen wachsen, desto geringer ist seine statistische Gefahr, Herz-Kreislauf-

Erkrankungen, Diabetes, Bluthochdruck und andere typische Zivilisations-krankheiten zu bekommen. Alleebäume, Gehölze am Straßenrand und klei-ne bepflanzte Verkehrsinseln reichen schon. Die Menschen in grünen Stadtgebieten Torontos waren so gesund wie sieben Jahre jüngere Leute aus anderen Regionen. Das sind beeindruckende Forschungsergebnisse, die durch verschiedene groß angelegte Studien inzwischen gut untermauert sind.[3]

Wir können uns auch jenseits gesundheitlicher Wirkungen ansehen, was die Natur für uns als Raum sein kann und wie wir ihn gestalten können, indem wir uns darin auf eine bestimmte Art aufhalten. Die Natur kann wie unser zweites Zuhause sein. Dort kommen wir her. Dort gehen wir wieder hin. Die Naturerlebnisse gehören zu den besonders eindrücklichen, positi-ven frühen Kindheitserfahrungen, und wir können den Kontakt immer leicht wiederfinden und dort gelassener, geerdeter, langsamer, ruhiger, kla-rer werden. Denn das In-der-Natur-Sein verbindet uns mit der Welt.

Wir kommen in der Natur zu den wesentlichen Dingen des Lebens zu-rück, weg vom Irrglauben, wir könnten alles steuern. Der Grashalm wird nie schneller wachsen, wenn man an ihm zieht. In der Natur wächst und vergeht alles. Bäume, Pflanzen, Tiere *sind* einfach, was sie sind. Diese Abläufe gebie-ten Demut und Ehrfurcht. Mit der Natur verbunden zu sein ist einer der verlässlichsten und eindrücklichsten Wege, um sich mit der Welt, dem Le-ben, den Menschen verbunden zu fühlen. Wie wir all das erleben können? Über unsere Sinne. Die folgenden Vorschläge von mir kannst du als Anre-gung nehmen, um möglichst fein mit deinen Sinnen wahrzunehmen.

In die Natur gehen

Geh möglichst oft in die Natur, entlang von Wasser, Feldern oder im Wald, in die Berge. Es kann aber auch ein kleiner Garten oder Park sein, ein paar Bäume, eine Grünfläche in der Stadt: Nimm einfach das, was in deiner Umgebung ist oder wo du leicht hingelangen kannst.

Die Sinne öffnen

Sehen: Wie siehst du die Farben mit allen ihren Abstufungen, die Formen der Bäume, Sträucher, Felder, des Wassers, den Himmel?

Hören: Wo hörst du Vögel? Wie viele Stimmen? Verschiedene? Woher kommen sie? Welche sind lauter, im Vordergrund? Welche leiseren sind dahinter? Das Knacken von Tieren im Unterholz? Die ferneren Zivilisationsgeräusche – Autos in der Ferne, ein Flugzeug? Was ist mit Insektengeräuschen: einer Biene oder Mücke mit ihrem Summen? Wo und wie hörst du den Wind? Weht er durch die Blätter, an deinen Ohren, mit einem Wehen, Zischen, Flattern oder Rauschen? Wie hörst du deine eigenen Bewegungen, Schritte und alles, was sie lostreten: Knacken von Ästen, Knirschen von Steinchen? Wie hörst du deinen Atem?

Riechen und schmecken: Wie riecht die Luft? Wie riechen die Blüten und Blätter der Bäume und Pflanzen? Die Rinde, der Erdboden? Woran erinnern dich die Gerüche? Wie schmeckt die Fliederblüte?

Spüren auf der Haut: Spürst du den Wind, wie er durch dein Haar fährt, sich an deinen Ohrmuscheln bricht, über deine Haut streicht? Spüre die Rinde. Spüre, was der Baum ausstrahlt.

Einfühlen: Fühle dich in den Baum ein und lass dich nach und nach von seiner Ausstrahlung einnehmen. Werde wie der Baum. Wenn du dich löst, nimm die Erinnerung an das Wesen dieses Baumes mit in deinen Alltag. Das Einfühlen in den Baum kannst du übertragen auf anderes in der Natur: Sei der Wind. Sei die Hummel. Sei das Gras. Was hilft dir, dich in Bäume und in die Natur einzufühlen?

Nimm einen tiefen Atemzug:
Wo sind meine Gedanken?
Welche Emotion ist da?
Was sagt mein Körper?

5
DEINE VERBUN- DENHEIT STÄRKEN

In erfüllten, vertrauensvollen Beziehungen sind wir die glücklichsten Menschen der Welt. Und wenn du gut für dich selbst sorgst, kannst du auch für andere sorgen. Self Care führt in die Verbundenheit mit anderen Menschen und ist das Gegenteil von Egoismus.

Seit fast 80 Jahren führt die Universität Harvard mit anfangs 724 Erwachsenen die längste Studie über Glück durch. Über lückenlose Daten in einer solch langen Periode zu verfügen ist ein großer Glücksfall für die Wissenschaft. Auch das Ergebnis ist ein Glücksfall, finde ich. Hier kommt die wichtigste Erkenntnis aus der Studie: »Ein gutes Leben besteht aus guten Beziehungen«, resümiert der aktuelle Studienleiter und Professor für Psychologie, Robert Waldinger. Genauer gesagt: Menschen, die mit ihrer Familie und mit Freunden in einer guten Gemeinschaft verbunden leben, sind glücklicher, gesünder und leben länger als Menschen in weniger guten Beziehungen oder bei ungewollter Einsamkeit. Dabei kommt es weniger auf die Zahl der Freunde oder eine feste Beziehung an, sondern in erster Linie auf die Qualität der nahen Beziehungen: Liebe, füreinander da sein und das Gefühl des Aufgehobenseins sind ausschlaggebend.

> **»** *Ein gutes Leben besteht aus guten Beziehungen.*

Wie können wir unsere Verbundenheit in zwischenmenschlichen Beziehungen weiterentwickeln, um ein solch »gutes und glückliches Leben« zu führen? Auch hier fangen wir bei uns selbst an.

Selbstverbindung

Eine innige Verbindung zu uns selbst mit Selbstliebe und Selbstfürsorge ist die Basis, um uns auch mit anderen Menschen innig verbunden zu fühlen. Zu Beginn des Selbstfürsorge-Programms hast du dafür die zwei wichtigsten Übungen kennengelernt. Erinnerst du dich an diese kleinen Übungen mit großer Wirkung? – Mit der »Selbstwahrnehmung« hältst du für ein paar Sekunden inne und prüfst deine Gedanken, Emotionen und Körperempfindungen. Die Fragen zur Selbstwahrnehmung begegnen dir ja auch schon am Ende jedes Kapitels. Beim »Pulsatmen« verbindest du Puls und Atem zu einem gemeinsamen Rhythmus.

Nun kann es aber sein, dass uns tiefer liegende Gründe daran hindern, die Verbindung mit uns selbst als Quelle von Freude, Inspiration und Ruhe zu erleben. Dann machen wir solche Übungen wahrscheinlich nicht, sondern laufen mithilfe von Camouflage-Strategien, mit denen wir uns ablenken, vor uns selbst weg: Wir rennen durch unser Leben, packen es voll mit Ablenkungen, dem Smartphone, zu viel Arbeit und Essen, unnötigen Einkäufen, aufgebauschten Beziehungsdramen und anderen Aufregungen.

Wir vermeiden die Selbstverbindung, denn wenn wir still würden und bei uns ankämen, sähen wir unsere ungeliebten Seiten, und diese lösen eben leicht Unzulänglichkeitsgefühle, Selbstabwertung oder Scham aus.

Wenn wir jedoch eine gute Selbstverbindung und damit auch einen stabilen Selbstwert aufbauen wollen – der wiederum das Fundament für Selbstfürsorge ist –, dann kommen wir nicht umhin, uns diesen ungeliebten Seiten zu stellen. Schauen wir uns mal an, was wir tun können, um zu einem stabilen Selbstwert zu gelangen.

Wenn der Selbstwert an Bedingungen geknüpft ist

Wenn wir kein sicheres Gefühl für unseren eigenen Wert haben, tendieren wir dazu, ihn über Anerkennung von anderen stärken zu wollen. Unzählige Menschen kompensieren deshalb ihr Kleinheitsgefühl mit einer großartigen Darstellung nach außen: auf Facebook, Instagram und ebenso im echten Leben. Das ist Camouflage mit verschiedensten Strategien. Zum Beispiel mit Statussymbolen: Möbel, Haus, Schmuck, teure Markenkleidung. Andere sammeln Scheine, und die Qualifikationenliste wächst immer weiter. Nicht zu vergessen das Aufopfern für andere: »Ja, natürlich kann ich das für euch machen. Kein Problem...« Nun, etwas zu tun, um dafür anerkannt und wertgeschätzt zu werden, kennen wir wohl alle in irgendeiner Form.

In der Psychologie wird diese Art des Selbstwertgefühls »Kontingentes Selbstwertgefühl« genannt, das heißt, es ist an Bedingungen geknüpft: »Ich bin *erst* wertvoll, *wenn* ich diese Leistung vollbracht habe«, » ... *wenn* ich diesen Status erreicht habe«. Der Haken daran ist – und auch das ist in der Psychologie gut erforscht: Bei einem aufgeblasenen Selbstwertgefühl folgt nach einem Höhepunkt ein paar Tage später – oder auch erst nach einem Jahr oder nach 20 Jahren – der Absturz in den Selbstwertkater. Und da unten ist das Selbstwertgefühl noch niedriger als vorher. Und das ist dann eine Quälerei.

Was machen also viele Menschen? Sie machen weiter mit Camouflage und stellen sich möglichst perfekt dar. Dann kommt irgendwann wieder der Selbstwertkater und so weiter. Vielleicht bis zum Burn-out oder auch das ganze Leben lang. Und was ist das eigentliche Drama daran? Es führt uns von uns selbst weg. Wir verzehren unsere Kräfte. Wir können unsere Energie nicht in unser inneres Wachstum investieren. Wir leben an unserem persönlichen Sinn vorbei.

Was können wir tun, um mehr innere Fülle und Stärke zu entwickeln? Der Schlüssel zu einem stabilen Selbstwert liegt im … Selbstwertkater. Denn nur dort haben wir einen emotionalen Zugang zu unseren Schattenseiten.

» *Der Schlüssel zu einem stabilen Selbstwert liegt im Selbstwertkater. Denn nur dort haben wir einen emotionalen Zugang zu unseren Schattenseiten.*

Im Selbstwertkater kommen wir in Kontakt mit dem, was uns wirklich quält, wovor wir Angst haben, wofür wir uns schämen. Diese Seiten gehören auch zu uns. Wir werden sie nicht los. Wir können entweder weiter unsere Energie ins Verdrängen stecken, dann ist das ein Schrecken ohne Ende. Oder wir können uns ihnen stellen. Dann ist das vielleicht auch ein Schrecken, aber *mit* Ende.

Wie können wir innehalten, durch Schwieriges hindurch- und darüber hinausgehen? Dazu benötigen wir zuerst einmal die Erfahrung, dass wir auf direktem Weg besser weiterkommen. Denn wir haben das alle nicht gelernt, selten im Elternhaus, nicht in der Schule, auch nicht in der Berufsausbildung oder im Studium. Es scheint Privatsache oder die Aufgabe mancher Coaches, Therapeutinnen, Seminarleiter und Buchautorinnen zu sein. Um dies zu lernen, brauchen wir wiederum gute Methoden, um emotionale Blockaden zu lösen. Sonst sitzen wir mit dem ganzen Schwierigen da und werden vielleicht trübsinnig. Heute gibt es hochwirksame moderne Ansätze, die im Unbewussten – und gerade deshalb so nachhaltig – wirken. Du kennst dazu inzwischen schon die Logosynthese. Auch in der Akzeptanz- und Commitmenttherapie, einer neueren Form der Psychotherapie, bei der man verhaltenstherapeutische Techniken mit achtsamkeits- und akzeptanzbasierten Strategien kombiniert, ist radikale Akzeptanz die Grundlage, ebenso im Buddhismus.

Ich bin wertvoll, weil ich da bin

Was kann sich entwickeln, wenn wir alle Seiten von uns mehr akzeptieren und »dabeihaben«? Wir bauen ein »innenorientiertes Selbstwertgefühl« auf. Dies integriert alles, was zu uns gehört, und es ist nicht an Bedingungen geknüpft. Dann lautet der Satz nicht mehr: »Ich bin wertvoll, weil ich dieses und jenes geleistet habe«, sondern anders: »Ich bin wertvoll, weil ich da bin«.

>> *Ich bin wertvoll, weil ich da bin.*

Und es geht ja in diesem Kapitel um Verbundenheit: Wenn wir uns möglichst perfekt und glatt darstellen, wirken wir meist nicht anziehend auf andere, wären höchstens ein unerreichbares Idol oder aktivieren bei anderen Kleinheitsgefühle und Neid. Wenn wir unsere ungeliebten Seiten ablehnen, bleibt ein Teil unserer selbst unverbunden – und damit bleiben wir auch unverbunden mit anderen.

>> *Wenn wir unsere ungeliebten Seiten ablehnen,*
bleibt ein Teil unserer selbst unverbunden –
und damit bleiben wir auch unverbunden mit anderen.

Ich habe ein ganzes Buch darüber geschrieben, wie wir unsere ungeliebten Seiten und die anderer Menschen und des Lebens annehmen können. Es heißt »Innerlich frei: Was wir gewinnen, wenn wir unsere ungeliebten Seiten annehmen«[1]. Die folgende Übung ist ein Einstieg:

Schließe für eine Minute die Augen. Verbinde Puls und Atem zum Pulsatmen. **Was** magst du an dir nicht, und wofür schämst du dich? Körper: ___ Gefühle: ___ Verhalten: ___ Gedanken: ___

Zu dick / zu empfindlich / zu langsam / zu viel grübeln

Achte jetzt darauf, wie du mit dem, wofür du dich schämst, den folgenden Satz sagen und fühlen kannst – und es ist egal, ob das jetzt gut oder schwer geht: »Ich bin wertvoll, weil ich da bin. Mit allem, auch mit den ungeliebten Seiten.« Lass den Satz wirken und stell dir vor, du würdest das, wofür du dich schämst, als Teil deiner selbst annehmen. Erst einmal ganz für dich allein, mit dem Entschluss, dass es nun mal zu dir gehört. Wer bist du dann?

Würdest du es später sogar jemandem erzählen – einer Freundin, deinem Partner, einer Kollegin? Oder es offen zeigen? Welche Form des Sich-Zeigens ist für dich am besten vorstellbar? Wer bist du dann?

Dann bin ich halt diejenige bei der Arbeit, die immer am längsten braucht, was soll's? / Ab jetzt ziehe ich figurbetonte Kleidung an, anstatt meinen Bauch unter Sackkleidern zu verstecken: Ich bin füllig.

Wie würden andere wohl bestenfalls darauf reagieren?

Was sind die Hintergründe dafür, dass du diese Seiten von dir ablehnst?

Meine Mutter war jedes Mal total gestresst, wenn ich so langsam war. / Faul sein war das größte Vergehen. / Eine ausladende Figur ist nun mal nicht in Mode.

Vielleicht magst du noch etwas mehr dazu nachdenken oder aufschreiben, was das bedingungslose Annehmen, Ganzsein und Wertvollsein für dich bedeutet? Mit ein paar Minuten Schreibsprint, so schnell wie möglich, ohne innezuhalten, oder mit ein wenig Nachsinnen:

_____

Entwickle außerdem ein Gefühl, dass es schon reicht, wie du jetzt bist:
- Was ist gut genug an dir?

_____

- Was hast du bereits im Leben erreicht?

_____

- Wofür bist du dankbar?

_____

Ich kann mit meiner Schüchternheit leben. / Ich habe zwei Kinder großgezogen. / Ich bin gesund.

Wir haben umso mehr Energie zur Verfügung, je umfassender wir uns selbst mit allen Seiten annehmen. Und mit einem Mal ist das Selbstwertgefühl wie von allein da. Weil es auf deinem wahren Selbst basiert, nicht auf dem, was du darstellen willst oder sollst. Du wirst feststellen, dass das Eigene immer am stärksten wirkt, denn du bist mit all deiner Kraft da.

So kannst du dich auch anderen Menschen näher und verbundener fühlen, denn du musst nichts mehr verstecken, wirkst dadurch natürlicher, und so wiederum ziehst du andere Menschen an. Sie fühlen sich zu dir hingezogen, weil sie merken, dass du offen und aufrichtig bist. Oder sie fühlen sich dir nah, weil du mit ähnlichen Problemen kämpfst. Beziehungen und Resonanz entstehen gerade dann, wenn Scheitern und Schwächen erlaubt sind. Erst wenn wir uns mit Schwachstellen und Verletzlichkeit zeigen, können wir erkennen, dass unsere Fehler verzeihbar sind; wenn wir uns schämen, fühlen wir, dass der andere trotzdem dableibt; wenn wir ganz unten sind und um Hilfe bitten, merken wir, dass andere gerne helfen. »Verletzlichkeit macht stark« lautet der Buchtitel von Brené Brown, einer Pionierin der psychologischen Forschung über Verletzlichkeit, Scham und Authentizität.[2]

Freude am Zusammensein

Wie machen die Dänen das nur? Auf der Rangliste der glücklichsten Länder der Welt nehmen sie wiederholt den ersten Platz ein, jährlich fast gleichauf mit Norwegen, der Schweiz und Finnland. Das dänische Glücksrezept heißt »Hygge« und lässt sich ungefähr mit »gemütlich, geborgen« übersetzen. Es geht um ein behagliches Lebensgefühl von Vertrautheit, Sicherheit und Wärme, zum Beispiel bei einem geselligen Abend mit Freunden oder Familie, mit warmem Kerzenlicht, sanfter Musik, leckerem Essen und angenehmen Gesprächen auf einer gemütlichen Couch. Oder im Sommer draußen in der Natur auf einer Picknickdecke, die Vögel beobachtend oder geruhsam eine ausgedehnte Radtour unternehmend. Für die Dänen ist Hygge der Ausgleich zu einem stressigen Arbeitstag.

Ich saß einmal gemeinsam Friis Arne Petersen, dem Botschafter des Königreichs Dänemark bei einer Glückskonferenz auf dem Podium, und wir sprachen über Wege zu einem zufriedenen Leben. Er erzählte davon, wie er – trotz sehr knapp bemessener Zeit für Privates – am Freitag Abend mit seiner Familie in einer entspannten, gemütlichen Hygge-Stimmung beim Essen zusammensitzt. Jeder erzählt, wie die zurückliegende Woche war, was es für schöne und schwierige Ereignisse, Erfolge und Misserfolge gab. Es wird gelacht, geschwiegen und das Zusammensein genossen.

Hygge geht inzwischen als Mode um die Welt und ist eine gute Sache für Self Care. Nur mal so zum Vergleich: Deutschland liegt jedes Jahr ungefähr auf Platz 16 von 156 Ländern. Wie können auch wir etwas Ähnliches wie Hygge leben?

Wie wäre es, ab und zu eine Zusammenkunft zu veranstalten: Freundinnen, Freunde, nette Nachbarn oder Familie, ein paar Kollegen zu einem Essen nach Hause einladen oder zu einem Nachmittagsplausch im Park, an einem Lagerfeuer zusammentreffen … was auch immer ein gemütliches Zusammensein ohne Leistungsanspruch und Stress verspricht. Und dabei ist es egal, ob du ein weitläufiges Esszimmer mit einer großen Tafel hast oder ob ihr euch mit einem zusätzlichen Ausklapptisch in der kleinen Küche drängt.

Wichtig ist dabei diese besondere Stimmung und Haltung, die du auch vorher ankündigen könntest:

Heimelige Stimmung, vielleicht mit Kerzen und schöner Musik im Hintergrund.
Jeder trägt etwas bei zum Gelingen der Gemeinschaft und zum Wohlergehen aller: Gespräch, Essen, Stimmung. Ihr könntet zum Beispiel gemeinsam kochen, anstatt dass du vorher alles perfekt vorbereitet hast – und dann mit Schweißperlen auf der Stirn die Gäste empfängst.
Ihr seid miteinander im gegenwärtigen Moment und genießt ihn. Vergangenheit und Zukunft spielen keine Rolle.
Ihr hört euch gegenseitig wirklich zu, anstatt zu diskutieren. Kontroversen können wegfallen, und unterschiedliche Sichtweisen dürfen nebeneinander stehen bleiben.
Alle achten auch das Gefühl von Verbundenheit. Alles Trennende wie Konkurrenz, Perfektion und Angeberei bleibt weg.
Ihr zeigt mit offenem Herzen, wie ihr wirklich seid, und nehmt die anderen ebenso an, wie sie sind: Akzeptieren, Verstehen und Liebe stehen im Vordergrund.
Sich gegenseitig danken: Es gibt so viel, wofür man anderen danken kann.

Wenn wir dieses Lebensgefühl kultivieren, fühlen wir uns sicher, zufrieden und aufgehoben unter anderen Menschen. Wir genießen das Zusammensein und spüren die gegenseitige Zuneigung und Liebe. Und das erreichen wir nicht durch Perfektion und Bestleistungen, mit denen wir andere überflügeln wollen. Wir achten eben nicht nur auf uns und brauchen die Anerkennung durch Herausragen nicht mehr so. Allen soll es gut gehen. Wir erleben Sinn. Also: Aufgehoben in erfüllten, tiefen, vertrauensvollen Beziehungen sind wir die glücklichsten Menschen der Welt.

» *Aufgehoben in erfüllten, tiefen und vertrauensvollen Beziehungen sind wir die glücklichsten Menschen der Welt.*

Was uns trennt

Doch es gibt auch starke trennende Kräfte in uns. Wir wollen uns zum Beispiel schwierige und schmerzliche Gefühle ersparen, die entstehen würden, wenn wir eigene ungeliebte Seiten ansehen müssten.

Ich sehe dich, wie du nicht bist

Dann kann es sein, dass wir unsere ungeliebten Seiten auf andere Menschen projizieren, sie dort entdecken, aber nicht als eigene Seiten erkennen – und bekämpfen. Das wird in der Psychologie »Projektion« genannt und ist ein psychologischer Abwehrmechanismus.

Der Nachteil an diesem Abwehrmechanismus ist, dass er den Blick auf uns selbst verschleiert und wir uns damit der Möglichkeiten der persönlichen Entwicklung und Ganzwerdung berauben. Der weitere Nachteil ist, dass wir andere unnötig bekämpfen und uns von ihnen innerlich trennen. Mit dem folgenden Dreischritt kannst du deine Projektionen zurücknehmen, andere Menschen mehr annehmen und die Erkenntnisse nutzen, um dich selbst weiterzuentwickeln.

Wer regt dich auf? Bei wem bist du genervt, empfindest Ärger, Stress oder auch Bewunderung?

_____

Welche Eigenschaft an dieser Person regt dich auf? Was bewunderst du übermäßig?

_____

Was hat das, was dich da aufregt, mit dir selbst zu tun?

_____

Wie kannst du es als Teil von dir annehmen?

_____

Wie siehst du die Person jetzt?

_____

Andere Menschen helfen uns also dabei, uns selbst zu entwickeln. Oft sind es gerade diejenigen, mit denen wir Schwierigkeiten haben. Jeder Mensch hilft den Menschen um sich herum bei dem, wozu sie auf der Welt sind. Schicksal trifft Schicksal. Lerngeschenk trifft auf Lernbereitschaft.

» *Jeder Mensch hilft den Menschen um sich herum bei dem, wozu sie auf der Welt sind.*
Schicksal trifft Schicksal. Lerngeschenk trifft auf Lernbereitschaft.

Du führst entspanntere und offenere Beziehungen, wenn du deine Projektionen abgebaut hast. Das macht natürlich auch etwas mit der anderen Person. Sie fühlt sich nicht mehr abgelehnt – und kann sich dir gegenüber öffnen. Du wirst sehen, wie viel das in deinem Beziehungsalltag verändert. Genervt sein, Ärger, Neid, Racheimpulse und Vorbehalte flauen ab. Wenn du dazu Logosynthese ausprobieren magst, kannst du als Auslöser einfach »das Abbild von [Name]« nehmen und nach der Anleitung im zweiten Kapitel damit arbeiten.

Vom Urteilen zum Verstehen

Als Psychologin habe ich die Ehre, viele Menschen von innen kennenzulernen und hinter die Fassade blicken zu dürfen. Und das inzwischen seit rund 25 Jahren. So kann ich sehr leicht verstehen, was Menschen innen bewegt und was sie zu dem gemacht hat, was und wer sie heute sind. Ein großspurig-ruppiger Mittvierziger ist ohne Eltern aufgewachsen, eine überempfindlich wirkende Personalentwicklerin hat drei Jahre ihrer Kindheit fast durchgehend in Krankenhäusern verbracht. Mitgefühl, Nähe und Verbundenheit entstehen wie von selbst, wenn wir Menschen ohne ihre normale Abwehr kennenlernen. Wir können deshalb grundsätzlich immer die eigene Unwissenheit im Hinterkopf haben: Was wissen wir denn schon, wie es in jemand anders aussieht und was für ein Päckchen sie oder er zu tragen hat?

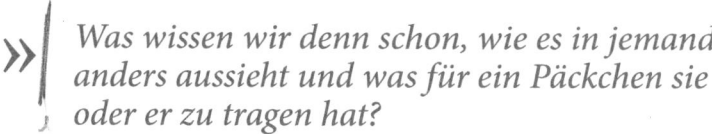

» *Was wissen wir denn schon, wie es in jemand anders aussieht und was für ein Päckchen sie oder er zu tragen hat?*

Die folgende Übung »Verstehen statt Urteilen« ist aus verschiedenen psychologischen Ansätzen abgeleitet – unter anderem der Aufstellungsarbeit. Du hast vielleicht schon mal von Familien- oder Systemaufstellungen gehört. Dabei stellt man Beziehungen oder Aspekte auf, die zum Beispiel in einem Familien- oder Organisationssystem wirken. Ich finde es immer wieder beeindruckend, wie sich an verschiedenen Orten im Raum jeweils ganz andere Gefühle, Körperempfindungen und Gedanken zeigen und sich in der Person dann etwas mit bleibender Wirkung verändert. Man kann das mit einer Gruppe, aber auch im Einzelsetting machen und dann mit sogenannten Bodenankern arbeiten. Hier kannst du eine Übung ausprobieren, die dir hilft, dich in die Perspektive einer anderen Personen zu versetzen und dich dadurch anders gegenüber dieser Person zu fühlen. So können Verständnis und Mitgefühl wachsen.

Andere verstehen

Denke an eine Person, die momentan im Umgang schwierig für dich ist. Wenn es zwei sind, die bei der Thematik dazugehören, kannst du auch mit beiden nacheinander arbeiten.

Nimm Marker, die du auf dem Boden als Markierung auslegen kannst – was du gerade zur Hand hast: *Zettel, Kärtchen, Stifte, Socken, Löffel.*

Lege sie auf dem Boden an verschiedenen Orten ab: Einer markiert den Punkt, wo du selbst bist. Der andere markiert den Punkt der anderen Person.

Geh auf deine Position und denke an die schwierige Person und Situation. Nimm dich selbst wahr: Was sind deine Gedanken? Emotionen? Körperempfindungen?

Geh nun auf die Position der anderen Person. Sei diese Person.

Nimm auch hier wahr: Was sind deine Gedanken? Emotionen? Körperempfindungen?

Erzähle in der Ich-Perspektive der anderen Person, wie es ihr geht, was du über diese andere Person dort denkst, was sie sich wünscht: »Mir geht es …«, »Ich denke über …«, »Ich fühle mich …«, »Am liebsten würde ich …« usw.

Geh wieder zurück auf deine Position und nimm erneut wahr, was jetzt bei dir ist.

Wenn du dich noch gestresst fühlst oder belastet mit schwierigen Gefühlen, kannst du auch einen Durchgang mit Logosynthese ausprobieren, mit dem »Abbild von [Name]«, wie im zweiten Kapitel beschrieben.

Die Verbindung fühlen

Wir können im Alltag auf einfache Weise etwas dafür tun, um unsere Verbundenheit mit anderen zu stärken. Zum einen gibt es da einen wenig bekannten Glücksfaktor, bei dem das Glück quasi auf der Straße liegt. Zum anderen können wir uns die Verbindung mit anderen im Geiste vorstellen und uns dadurch verbundener fühlen. Beides sind zentrale Faktoren für ein Gefühl des sicheren Aufgehobenseins in der Welt – und damit der Selbstfürsorge.

Vom Glück flüchtiger Begegnungen

Wir können uns mit anderen Menschen verbinden, auch wenn wir sie kaum oder gar nicht kennen, wenn wir auf der Straße, in der Apotheke, beim Überqueren der Ampel oder in der Bahn kurz mal lächeln, grüßen oder eine freundliche Bemerkung machen. Vorher hat jemand grimmig geschaut, wenn er angesprochen wird, geht plötzlich ein Strahlen über sein Gesicht, er wacht sozusagen auf und ist im Kontakt. Man kann einen regelrechten Sport daraus machen. So kann ein Gefühl des Verstehens ohne Worte entstehen. Momente der Freude, Belustigung, Überraschung sowie des Einklangs mitten im Alltag führen dazu, dass wir uns glücklicher und verbundener fühlen.

Ich bemerke bei diesen Begegnungen, wie aufgehoben ich mich unter den Menschen und in der Welt fühle. Kurze, freundliche Kontakte sind die Brücke zum Verbundenheitsgefühl mit allen Menschen, was uns ein Gefühl von Sicherheit im Leben gibt: Es werden immer Menschen da sein, und überall wird es Wärme, Herzlichkeit und Hilfe geben. Und damit sind wir schon bei einem recht großen Radius der Verbundenheit angekommen, den wir als Gefühl weiterentwickeln können.

Die Welt umarmen

Wir können das Gefühl der Verbundenheit ausweiten, bis alle Lebewesen eingeschlossen sind. Verbundenheit könnte man auch mit Liebe übersetzen. Liebe schließt ein, nie aus. Auch Self Care schließt ein: Wir fangen bei uns mit Selbstliebe an, integrieren dann vertraute, danach fremde Menschen und umarmen schließlich die Welt.

Beginne mit »Pulsatmen«: Verbinde Puls- und Atemrhythmus.
Denke an eine Person, die dich sehr liebt – jemand aus der Gegenwart oder Vergangenheit.

Stelle dir vor, dass diese Person bei dir ist und du ihre Liebe, ihr Mitgefühl und ihre Wärme spürst.
Die Liebe strömt von der anderen Person zu dir, während du durch deine Herzregion einatmest, und löst bei dir Gefühle von Leichtigkeit, Loslassen und Frieden aus.
Atme durch deine obere Bauchregion aus, den sogenannten Solarplexus. Lass dabei auch deine Liebe, dein Mitgefühl und deine Wärme zu der anderen Person strömen. Wünsche ihr aus vollem Herzen Leichtigkeit, Loslassen und Frieden.
Lass beim Einatmen weiterhin die Liebe der anderen Person zu dir strömen. Weite dieses strömende Gefühl der Liebe auf weitere Menschen in deinem Umfeld aus.
Weite deine Liebe auf alle Lebewesen in der Welt und auf die ganze Welt aus. Wie fühlst du dich jetzt, und etwas später?

Ich habe immer wieder erlebt, wie vorher selbst sehr skeptische Menschen während und nach der Übung friedlich, sanft, offen und versöhnlich wurden. Das Fremde verliert sich, das Verbindende führt zu umfassendem Verstehen und damit auch zu Weisheit.

Hilfe bekommen

Sich helfen zu lassen ist eine wichtige Self-Care-Kompetenz. Wenn wir meinen, ohne Hilfe auszukommen, verausgaben wir uns früher oder später. Helfen sollte nicht dauerhaft einseitig sein, dann entsteht eine Schieflage, die irgendwann ihren Tribut fordert, auch wenn der Ausgleich nicht unbedingt dieselben Personen betreffen muss. Wir können den Kreislauf von Geben und Nehmen größer als zwischen zwei Menschen begreifen. Du hilfst deiner Freundin bei der Kinderbetreuung, sie hilft ihrem Bruder beim Schreiben seiner Doktorarbeit, und der Bruder kommt irgendwann vorbei, um deinen neuen Computer startklar zu machen.

Eine großartige Voraussetzung fürs Helfen und Helfenlassen bringen wir alle mit: Menschen helfen gerne. Das Wohlergehen anderer gehört zu unseren tiefsten Bedürfnissen. Für andere zu sorgen schützt uns vor Einsamkeit und Depression, es macht glücklicher und erfolgreicher – und beschert uns nachweislich sogar ein längeres Leben.[3] Menschen bewerten auch andere Menschen, die helfen, höher als solche mit egoistischen Motiven. Das lässt sich schon bei Babys nachweisen. Einer der sichersten Wege, seine Stimmung aufzuhellen, ist, einem Menschen, der etwas braucht, etwas zu geben.

> » *Einer der sichersten Wege, seine Stimmung aufzuhellen, ist, einem Menschen, der etwas braucht, etwas zu geben.*

Und davon können wir in beide Richtungen profitieren. Indem wir anderen helfen und uns dadurch besser fühlen. Und indem wir uns helfen lassen, wenn es uns schlecht geht und wir verausgabt sind. Viele Menschen sind offen fürs Helfen, aber einen Hinweis brauchen sie schon. Kannst du ihn geben? Bittest du um Hilfe, wenn du sie brauchst? Wie wäre es, in Zeiten, in denen du keine Kraft mehr hast und überfordert bist, dich viel mehr – oder überhaupt einmal – umsorgen zu lassen?

Dafür müssen wir zuerst einmal überhaupt merken, dass wir etwas brauchen. Eine Art Denkdreh hilft dabei: Was wir anderen geben, wünschen wir uns oft für uns selbst, gestehen uns diesen Wunsch aber nicht ein, weil wir nicht egoistisch wirken wollen. Mit den folgenden Fragen kannst du dich dem Thema nähern und herausfinden, wie du leichter in den großen Fluss von Geben und Nehmen eintreten kannst.

Vorbilder

Wer fällt dir ein, der oder die auf gute, nicht ausnutzende Art um Hilfe bittet?

Wie macht er oder sie das, und was kannst du davon lernen oder übernehmen?

Hilfeangebote annehmen

Wer bietet dir direkt oder indirekt Hilfe an?

»Das kann ich doch für dich machen.« / »Ist dir das nicht zu viel?«

Wie reagierst du darauf?

Ignorieren / überspielen / vage, nicht konkret darauf eingehen

Hilfe erbitten

Was tust du für andere, was du eigentlich selbst dringend brauchst?

Wie kannst du dafür um Hilfe bitten?

Was hindert dich eventuell?

Ich fühle mich dann »In der Schuld« des anderen

Wer bist du, wenn du hilfsbedürftig bist?

Ehrlich / schwach / eigentlich mutig

Gleichgewicht von Geben und Nehmen

Gehe deine wichtigen Beziehungen durch: Wo sind Geben und Nehmen im Gleichgewicht? Wo nicht?

Welche Arten von Hilfe übersiehst du eventuell bei deiner Rechnung?

Na ja, er hat mir immerhin gezeigt, wie man Nein sagt / Sie hat mich darauf gestoßen, dass mehr Selbstlob gut für mich wäre.

Was kannst du tun, um ein neues Gleichgewicht zu erreichen?

Danken

Kannst du dich aus vollem Herzen bedanken?

Bei wem könntest du es mehr oder nachdrücklicher tun?

Wenn du dich selten oder gar nicht bedankst: Was könnten die Gründe sein?

Der Dank ist eine machtvolle Bewegung hin zu mehr Verbundenheit. Wenn wir uns bedanken und damit ausdrücken, dass der andere uns in irgendeiner Weise helfen konnte, wertschätzen wir die Tat und den Menschen. »Danke« zu sagen stellt damit immer eine Beziehung her oder vertieft sie.

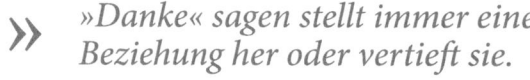

» *»Danke« sagen stellt immer eine Beziehung her oder vertieft sie.*

Nimm einen tiefen Atemzug:
Wo sind meine Gedanken?
Welche Emotion ist da?
Was sagt mein Körper?

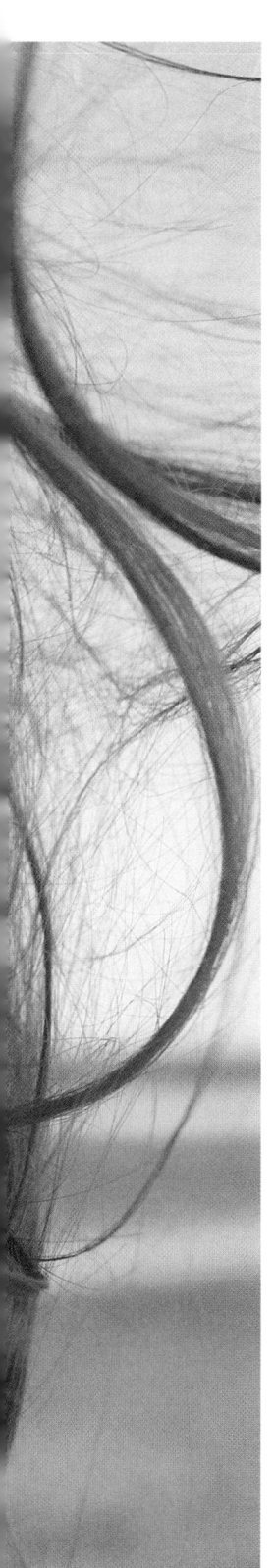

6
DEINE
GEDANKEN
BEFREIEN

Unsere Gedanken können uns unser Leben lang
einschränken, fesseln und kleinhalten – mit Glaubenssätzen, Grübeln und Katastrophengedanken.
Unsere Gedanken können uns auch groß, weit und
innerlich frei werden lassen.

Wir könnten so frei denken! – Nicht so viel grübeln, sondern höchstens zweifeln, dann zügig entscheiden und danach: tun. Ohne innere Verbote und Gebote denken. Annehmen, was ist, anstatt zu hadern. Doch in der Realität sieht es anders aus in unseren Köpfen. Die Gedanken kreisen viel zu oft, wir ersinnen Schreckensvisionen, die wohl nie eintreffen werden; flüstern uns selbst zu, was wir alles nicht können und wie unzulänglich wir sind. Das ist zwar ganz normal, doch wir können viel dafür tun, um solch einschränkende Denkweisen abzuschwächen oder zu beenden. Zum Beispiel mithilfe des Self-Care-Journals, von dem ich dir eingangs erzählt habe: Du kannst jedes Notizbuch als Papier- oder Digitalversion dafür nehmen oder das eigens dafür gestaltete Self-Care-Journal, das du auf der Website zum Buch findest: www.selfcare-programm.de.

Schreibdenken

Denken und Schreiben sind Freunde, die sich gegenseitig helfen. Wenn wir Schreiben zum Denken und Lernen nutzen – Schreibdenken –, so hilft es dir dabei, dein Denken zu befreien. In so ziemlich allen Lebenssituationen kannst du zum Beispiel die Schreibsprints nutzen und, so schnell wie möglich und ohne innezuhalten, minutenlang die innere Sprache aufschreiben. Dabei schlägst du neue Denkwege ein. Im Kapitel »Erholsam viel schlafen« hast du die Abendseite für dein Self-Care-Journal kennengelernt. Du kannst sie gut für den Tagesausklang nutzen, zum Beispiel in deiner 15-minütigen Self-Care-Zeit. Vielleicht experimentierst du schon eine Weile damit? Oder du magst jetzt damit beginnen? Hier ist sie nochmals in Kurzfassung. Im Lauf des Kapitels werde ich dir noch genauer erklären, was es mit den fünf Impulsen auf sich hat.

Die Abendseite im Self-Care-Journal

Danke

Lernen

Loslassen

Das Wichtigste

Meine Gedanken

Magst du auch den Morgen mit Schreibdenken beginnen, mit einer Morgenseite? Mit der Seitenaufteilung halte ich es genauso wie mit der Abendseite: Ich beginne auf der rechten Journalseite. Falls ich noch zusätzliche Gedanken notieren will und der Platz nicht reicht, schreibe ich sie auf die gegenüberliegende linke – sonst leer bleibende – Seite. Für ein bis zwei Seiten brauchst du nur einige Minuten und bleibst fokussiert. Wenn du dir mehr von der Seele schreiben willst, kannst du natürlich jederzeit verlängern und Seite und Seite schreiben. Wie bei der Abendseite ist es auch bei der Morgenseite sinnvoll, zu jedem Impuls kurz nachzufühlen, damit Schreibdenken und Fühlen miteinander verbunden sind. Hier ist die Morgenseite:

Die Morgenseite im Self-Care-Journal

Danke

_____

Fokus – Freude
Was wird dir heute Freude bereiten? Eine wichtige Sache. Fühle die Vorfreude.

_____

Lieben – Geben
Denke an eine oder mehrere Personen, die du heute besonders lieben willst.
Fühle die Liebe zu dieser Person, lass sie in deinem Herzen erblühen.

_____

• Wer kommt dir im Zusammenhang mit Liebe in den Sinn?

_____

• Wie kannst du das dieser Person heute zeigen?

_____

• Wir kannst du ihr etwas Gutes tun und sie erfreuen?

_____

Gleich morgens einmal fest in den Arm nehmen / eine Nachricht übers Handy oder
mit einer Postkarte senden: »Ich denke an dich«, »Ich hab dich lieb«

Das Wichtigste.
Ein Satz. Ein Wort.

_____

Meine Gedanken
Wenn noch Gedanken übrig sind, nutze dafür die linke Seite in deinem Self-
Care-Journal mit einem Schreibsprint.

_____

Ich schreibe mit der Morgen- und Abendseite seit Langem fast täglich in meinem Self-Care-Journal. Ich habe nach einer Weile gemerkt, wie stark mein Unbewusstes mitarbeitet, dadurch eine gedankliche und emotionale Neuausrichtung stattfindet und ich um ein Vielfaches fokussierter bin sowie mit mehr Freude und Liebe durch meinen Tag gehe. Mal sehen, wie es bei dir wirkt, wenn du das Journal ein paar Tage oder Wochen geführt hast.

Einschränkende Denkmuster

Was ist richtig oder falsch? Was darf ich? Was denken die anderen über mich? Wenn ... dann, ja ... aber. Manchmal denken wir voller Unfrieden an die Vergangenheit oder voller Angst an die Zukunft. Wir grübeln immer schwerer, aber ohne Ergebnis. Wenn wir unser Denken immer wieder – oder sogar dauerhaft – von solchen Einschränkungen befreien und gedankenstill werden, sorgen wir für uns. Wir werden innerlich frei. Bei einschränkenden Denkmustern sind zuerst einmal die Glaubenssätze interessant.

Die Macht der Glaubenssätze

Glaubenssätze sind einschränkende Überzeugungen in Form von Sätzen, die wir immer wieder denken, oft nur halb bewusst: Du weißt, dass es nicht stimmt, aber es taucht immer wieder auf. So etwas wie »Niemand mag mich«, »Ich schaffe das nicht«, »Ohne Partner kann man nicht glücklich sein«. Gedanken erschaffen Realität, und Glaubenssätze erschaffen eine ziemlich enge Realität. Eigentlich brauchen wir keine innere Instanz, die Regeln vorgibt und etwas erlaubt oder verbietet.

Bevor du deine Glaubenssätze entkräftest – womit du gleich mit einer Übung beginnen kannst –, schauen wir uns erst kurz an, wie sie entstehen, denn diesen Weg gehen wir beim Entkräften rückwärts.

Wie Glaubenssätze entstehen

Glaubenssätze werden oft über Generationen unverändert weitergereicht, von den Urgroßeltern bis zu den Urenkeln. Sie können eine wichtige Funktion haben, indem sie uns mit einfachen Formeln Halt, Klarheit und Struktur geben. Wir verstehen die Welt und können uns leichter orientieren. Ich erzähle dir ein Beispiel aus einem meiner Seminare, bei dem ein überaus starkes Feld aktiv war, das sich bei vielen von uns bis heute auswirkt: das Kriegsfeld des Zweiten Weltkrieges.

Die Mutter einer Teilnehmerin musste nach Ende des Krieges die Gewalt der russischen Soldaten erleiden. Später gab sie – traumatisiert, ohne Ehemann und mit jeder Faser zum Schutz ihrer drei Töchter entschlossen – eindringlich einen Glaubenssatz an die Töchter weiter, der sie selbst vor immer weiteren Übergriffen gerettet hatte: »Als Frau bist du Freiwild, also verstecke deine Weiblichkeit.« Die Mutter war nach den ersten Übergriffen der Soldaten nur noch als Mann verkleidet auf die Straße gegangen. Für ihre Töchter, die in die weitgehend sicheren, freizügigen 68er-Jahre hineinwuchsen, war der Glaubenssatz nichts weiter als eine sinnlose Einschränkung ihrer Weiblichkeit, der jedoch unvermindert stark wirkte. Wir anderen verstanden nach den Erzählungen der Teilnehmerin, warum sie sich im Seminar in formlose Kleidungsstücke hüllte und eine beeindruckende Technik entwickelt hatte, durch die man sie ständig übersah. Nachdem sie den Glaubenssatz entdeckt hatte, konnte sie ihn entkräften. Wir erlebten mit, wie sie im Lauf der zwei Tage aufblühte, laut lachte und rosige Wangen bekam.

Bei ihr war der Glaubenssatz entstanden, weil sie ihn von der Mutter immer wieder gesagt bekommen hatte. Kinder können ihn aber auch indirekt aufnehmen oder ihre eigenen Schlüsse ziehen, um die Welt zu verstehen und zu strukturieren. Vielleicht hat ein Kind erlebt, wie der Vater verzweifelt versuchte, mehr Geld zu verdienen, aber immer in den Schulden hängen blieb, und das Kind schloss daraus: »Wir werden immer arm bleiben.«

In meinen Seminaren schwirrt die Luft manchmal nur so von absurden, einschränkenden Sätzen, wenn wir sie erst einmal sammeln. Schau doch mal, welche Glaubenssätze dir einfallen. Wenn du sie entdeckst und aufschreibst, ist das der erste Schritt, und danach kannst du sie entkräften oder auflösen.

Glaubenssätze entkräften

Nimm dein Self-Care-Journal und einen Stift. Wenn du nichts zur Hand hast, kannst du auch im Geiste ein paar Sätze sammeln.

Sammle Glaubenssätze und Überzeugungen aus deinem Leben, von dir selbst oder von deinen Eltern, Großeltern oder anderen nahen Bezugspersonen. Nimm immer die erste Antwort, die dir einfällt: zum Thema Selbstfürsorge oder zu einem anderen Thema, das dich gerade beschäftigt. Also, Blitzantwort:

- Das Leben ist …

- Ich bin …

- Wenn ich gut für mich sorge, bin ich …

- Wenn ich nichts tue, bin ich …

- Nur wenn du …, bist du …

- Über Selbstfürsorge … haben meine Eltern gedacht:

- Dieses Sprichwort kursierte in meiner Familie über Leute, die sich selbst wichtig nehmen

---

- Meine Eltern haben über mich gesagt:

Dein Unbewusstes wird in der nächsten Zeit weitere Gedanken freigeben – erst recht, wenn klar wird, dass es etwas loswerden kann.

Schätze mit Blitzantworten ein: Wie einschränkend sind die eben notierten Überzeugungen auf einer Skala von 0 bis 10? 0 = gar nicht, 10 = maximal einschränkend?

Notiere hinter jedem Satz die erste Zahl, die dir in den Sinn kommt.

Markiere den Satz, der dich am stärksten einschränkt und belastet.

Sprich die drei Sätze der Logosynthese und setze in die Formulierung des Auslösers deinen Glaubenssatz ein: »*Die Wahrnehmung dieses Satzes […] und alles, wofür der Satz steht.*«

Lass jeden Satz in der Wirkungspause wirken.

Satz 1: »Ich nehme all meine Energie, die gebunden ist in *der Wahrnehmung dieses Satzes […] und allem, wofür der Satz steht,* an den richtigen Ort in mir selbst zurück.«

Satz 2: »Ich entferne alle Fremdenergie im Zusammenhang mit *der Wahrnehmung dieses Satzes […] und allem, wofür der Satz steht,* aus allen meinen Zellen, aus meinem Körper und aus meinem persönlichen Raum und schicke die Energie dorthin, wo sie hingehört.«

Satz 3: »Ich nehme all meine Energie, die gebunden ist in allen meinen Reaktionen auf *die Wahrnehmung dieses Satzes […] und allem, wofür der Satz steht,* an den richtigen Ort in mir selbst zurück.«

Prüfe genau: Was ist jetzt mit dem Satz?

Welche Belastung ist jetzt da, auf einer Skala von 0 bis 10? Genauer: Was erlebst du körperlich? emotional? gedanklich?

Trinke ein paar Schlucke Wasser.

Falls die Belastung nicht wesentlich abgeklungen ist, mach mit den drei Sätzen einen zweiten Zyklus.

Stell dir probeweise Folgendes vor: Was wäre in der Zukunft bei der Thematik im Zusammenhang mit dem Glaubenssatz anders? Wie stellst du dir jetzt zum Beispiel eine Situation vor, in der dich der Glaubenssatz vorher eingeschränkt hat? – welche Gefühle, Gedanken, Haltung, Einstellung, welches Verhalten?

Beobachte im Alltag, was jetzt anders ist.

Diese mit Logosynthese praktizierte Wirkung von Worten funktioniert sehr gut mit Glaubenssätzen. Wie immer ist es gut, in der nächsten Zeit zu beobachten, was jetzt anders ist, welche Rolle der Glaubenssatz jetzt (nicht mehr) spielt, und wie sich dein Denken und deine Möglichkeiten erweitern. Manchmal sind es Details, mal eine grundlegende Veränderung, und manchmal verändert sich etwas, womit man gar nicht gerechnet hatte.

Wie Gedanken zu Dauerstress führen

Ich erlebe immer wieder, wie Menschen zwar unter ihren angstauslösenden Gedanken leiden, sie aber in Kauf nehmen und eine Gedankenberuhigung dann doch nicht so wichtig nehmen. »Kopfkino eben«, sagen manche mit einem Schulterzucken. Wenn ich erzähle, was ängstigende Gedanken im Körper bewirken, steigt die Motivation, die eigenen Gedanken zu beruhigen, weil die Tragweite bewusst wird.

Ängstigende Gedanken lösen im Körper die gleiche Stressreaktion aus wie vor ein oder zwei Millionen Jahren bei unseren Vorfahren der Bär, der aus dem Unterholz auftauchte. Unser Stresssystem unterscheidet da nicht. Zweimal am Tag wurde ein Tier gejagt oder vor einem Tier geflohen. Fight or flight – Kampf oder Flucht. Die Stresshormone Adrenalin, Noradrenalin und Cortisol stiegen stark an und lösten passende Körperreaktionen aus, danach wurden sie wieder abgebaut. Das ist seit rund drei Millionen Jahren der Menschheitsgeschichte immer die gleiche Reaktion. Wir sind gut dafür gerüstet. Kurzfristiger Stress ist demnach auch nichts Schädliches.

Bei Dauerstress dagegen sieht alles ganz anders aus. Er beherrscht unser Leben seit ein paar Jahrzehnten. Das ist ein Wimpernschlag in der Menschheitsgeschichte, und deshalb sind wir dafür (noch) überhaupt nicht gerüstet. Vieles im Zusammenhang mit Gedanken fördert Dauerstress: die ständig präsenten elektronischen Geräte, Schlafmangel, Leistungsansprüche, Kontrollbedürfnisse, sozialer Stress, ständiges sorgenvolles Gedankenkreisen und antreibende Gedanken. Wir gewöhnen uns zwar an den Stress, der ursprünglich nur die Ausnahme sein sollte. Bei einem ständig erhöhten Stresshormonspiegel ist dann jedoch alles aktiviert, was wir für eine kurzfristige Stressreaktion gut gebrauchen können, was aber langfristig schädigt: geschwächtes Immunsystem, weniger sexuelle Lust, Bluthochdruck, Schlafprobleme, Gewichtszunahme, starke emotionale Reaktionen und eingeschränkte Denkfähigkeit.

Das klingt ziemlich deprimierend. Doch wir können trotz widriger Umstände Einfluss nehmen: Zum einen können wir einen ruhefördernden Lebensstil kultivieren, den ich dir im zweiten und dritten Kapitel vorgestellt habe: Emotionen loslassen, viel und tiefdunkel schlafen, Tageslicht tanken, Bewegung, den Tag abends sanft ausklingen lassen, 15 Minuten Self-Care-Zeit. Zum anderen können wir einen der ganz großen Stressauslöser – die Gedanken – besänftigen, indem wir gedankenstill werden und alarmierenden Gedanken den Schrecken nehmen.

Gedankenstille

Gedankenstille bewirkt mehr als eine nette kleine Entspannung, sondern handfest eine ganzheitliche Beruhigung deiner Körpersysteme. Oft ist uns gar nicht bewusst, wie viel Zeit wir mit Katastrophengedanken und unproduktivem Grübeln verbringen. Dazu gehören dann negative Stimmungen über Stunden, die das Leben stark beeinträchtigen können. Wir grübeln oder steigern uns in Sorgen und Ängste vor allem, wenn es nichts anderes gibt, was unsere Aufmerksamkeit sonderlich beansprucht: Wenn wir nachts wach liegen, gerade irgendwo hingehen, Bahn oder Auto fahren, putzen, fernsehen. Was tun, um auszusteigen und gedankenstill zu werden?

Erstens können wir mehr Bewusstheit darüber gewinnen, dass und wann wir grübeln, eventuell sogar mit einem Tagesprotokoll. Und zweitens: Wir können das Grübeln unterbrechen, zum Beispiel mithilfe des Atem-Blitzlichts. Du bringst dich damit aus einem Gedanken, mit dem du vermutlich irgendwo in der Vergangenheit oder Zukunft hängst, in die Gegenwart.

Halte mitten im Grübeln und Gedankenkreisen für sieben Sekunden inne.
Folge deinem Ausatem, tiefer als sonst, bis du ganz ausgeatmet hast.
Warte ab.
Lass deinen Einatem von selbst in die Lungen einströmen.

Durch die Konzentration auf das Atemgeschehen kommst du in Kontakt mit deinem Körper und dir als Ganzes. Du wendest dich ab von der inneren Welt der Erinnerungen (z. B. »Was habe ich falsch gemacht?«), der einschränkenden Gedanken (z. B. »Ich schaffe das nicht«) und der Zukunftsfantasien (z. B. »Was könnte Schlimmes geschehen?«). Indem du abwartest, bis durch das Zurückschnellen des Zwerchfells nach dem vollständigen Ausatmen der Einatem von selbst in die Lungen einströmt, übst du das Geschehenlassen. So kommst du in der Gegenwart an. Und in der Gegenwart geht es dann meist einfach ums Tun. Kurz gesagt: Tun und sein statt Denken.

>> *Tun und sein statt Denken.*

»Tun« kann alles Mögliche bedeuten: mit jemandem reden, gemeinsame Aktivitäten verfolgen. Spielen, vor allem mit anderen Menschen, noch besser beim Sport. Aufmerksam Musik hören, Hörbücher hören, gärtnern, ein Musikinstrument spielen, kochen, schreiben, konzentriert meditieren. Was hilft dir, aus dem Grübeln und Gedankenkreisen auszusteigen?

Katastrophengedanken

Die dritte Möglichkeit, die ich dir hier vorstellen will, um gedankenstill zu werden, bezieht sich auf den Inhalt der Gedanken. Angst löst Stress aus, aber auch die Angst wird durch irgendetwas ausgelöst: entweder eine reale Bedrohung oder aber sehr häufig durch nicht reale Katastrophengedanken, was passieren *könnte*. Das ist der Löwenanteil der Angstauslöser in unserem ziemlich sicheren Leben. Marc Twain kannte das Wesen dieser Konjunktiv-Katastrophen: »Ich habe in meinem Leben unvorstellbar viele Katastrophen erlitten. Die meisten davon sind nie eingetreten.«

» *Ich habe in meinem Leben unvorstellbar viele*
Katastrophen erlitten.
Die meisten davon sind nie eingetreten.

In der Nacht oder bei gedanklichem Leerlauf werden solche Katastrophengedanken oft riesengroß. Du kannst als Sofortmaßnahme die Übung »Die Kiste« aus dem dritten Kapitel »Erholsam viel schlafen« anwenden und alle Katastrophengedanken in der Vorstellung in eine Kiste packen, den Deckel schließen und die Kiste beiseitestellen. Wenn das nicht reicht, kannst du möglicherweise mit dem Gegenteil deine Gedanken beruhigen: mit der Worst-Case-Vorstellung: Dabei stellst du dir vor, was schlimmstenfalls passieren kann. Und was dann? Und dann? Und so weiter. Schreibe diese Worst-Case-Szenarien ruhig auf, dann wirst du bald bemerken, dass du Abstand gewinnst. Vielleicht wirken die Vorstellungen mit einem Mal sogar überzogen. Um solche Gedanken nachhaltig zu neutralisieren, probierst du am besten mal aus, wie sich die Belastung durch die folgende Übung verändert.

Finde einen Katastrophengedanken, der dich belastet, zum Beispiel in der Nacht: Was könnte passieren, stattfinden, sich ereignen?

Wie stellst du es dir vor? Siehst du ein Bild davon? Hörst du es, zum Beispiel was jemand sagt? Riechst, schmeckst, spürst du es?

Setze diese belastende Vorstellung als Auslöser in die drei Sätze der Logosynthese ein und lass jeden Satz wirken: »*Die Vorstellung, dass/wie […]*«
Satz 1: »Ich nehme all meine Energie, die gebunden ist in *der Vorstellung, dass/ wie […],* an den richtigen Ort in mir selbst zurück.«
Satz 2: »Ich entferne alle Fremdenergie im Zusammenhang mit *der Vorstellung, dass/wie […],* aus allen meinen Zellen, aus meinem Körper und aus meinem persönlichen Raum und schicke die Energie dorthin, wo sie hingehört.«
Satz 3: »Ich nehme all meine Energie, die gebunden ist in allen meinen Reaktionen auf *die Vorstellung, dass/wie […],* an den richtigen Ort in mir selbst zurück.«
Prüfe: Was ist jetzt mit dem Katastrophengedanken?

Welche Belastung ist jetzt da, auf einer Skala von 0 bis 10? Genauer: Was erlebst du körperlich? emotional? gedanklich?

Trinke ein paar Schlucke Wasser.
Falls die Belastung nicht wesentlich abgeklungen ist, mach einen zweiten Zyklus mit den drei Sätzen. Auslöser ist dann jeweils die jetzt aktuelle als Vorstellung.
Beobachte im Alltag, was jetzt anders ist.

So kannst du dich so in ein paar Minuten von einem stressenden Gedanken an eine katastrophale Zukunft entlasten. Du kommst wieder in der Gegenwart an. Genau das ist das Ziel. Wir sorgen am besten für die Zukunft, indem wir in der Gegenwart für uns sorgen. (vgl. Calm-App)

*Wir sorgen am besten für die Zukunft,
indem wir in der Gegenwart für uns sorgen.*

Annehmen, was ist

Glaubenssätze zu entkräften und gedankenstill zu werden ist das eine, was dir helfen kann, deine Gedanken zu befreien. Das andere ist eher eine Grundhaltung für weites Denken. Ich sehe sie als essenziell, um sich kraftvoll und nachhaltig weiterzuentwickeln: das Annehmen.

Wenn die Lebenskontrolle überhandnimmt

Wir können das, was uns das Leben bringt, grob in drei Bereiche einteilen: Es gibt Dinge in unserem *Kontrollbereich*, die wir selbst beeinflussen können, zum Beispiel können wir die vielen Benachrichtigungen im Smartphone deaktivieren, wenn wir merken, dass sie uns nicht zur Ruhe kommen lassen. Dann gibt es Dinge in unserem *Einflussbereich*, die wir nur indirekt beeinflussen können: Ob deine Chefin zustimmt, dass du deine Wochenstunden reduzierst, hängt nicht nur von dir ab, aber du kannst Einfluss nehmen und mit ihr reden. Zumindest unseren Kontroll- und Einflussbereich können wir durch Entscheidungen und Handlungen vergrößern und damit unser Leben möglichst aktiv in die Hand nehmen. Doch selbst da kann es sein, dass es nicht so läuft, wie wir es gerne hätten: Obwohl alle deine Benachrichtigungen deaktiviert sind, kommst du nicht zur Ruhe; die Chefin lässt nicht mit sich reden.

Nun kannst du es immer weiter versuchen und deine gesamte Energie investieren. Vielleicht bist du erfolgreich. Vielleicht auch nicht. Denn Sprüche wie »Du kannst alles schaffen, wenn du es nur wirklich willst«, »Erfolg ist planbar« oder »Geht nicht gibt's nicht« sind kindliche Wunschfantasien. Sie klingen zwar verlockend, und wir lassen uns davon kurzfristig motivieren – bis die Realität uns in den meisten Fällen etwas anderes zeigt: Erfolg, Karriere, Wohlstand sind zu einem großen Teil von äußeren Faktoren wie Glück, Pech, Zeit, Ort und Förderung abhängig und nur zum Teil von Talent, Fleiß und Disziplin – diese Aussage ist vielfach wissenschaftlich belegt.[1]

Es gibt eben die Dinge – und das ist der dritte Bereich –, die wir *nicht beeinflussen* können. Wenn wir ehrlich auf unser Leben blicken, sind das sogar die meisten Dinge. Alles, was in der Vergangenheit liegt zum Beispiel; oder

Krankheiten, die unerklärlicherweise kommen und gehen; ob uns jemand seine Liebe schenkt; unser Wohlstand hängt von der Weltwirtschaftslage ab; unser Frieden von Machthabern, die manchmal kriegerisch sind; unser Leben von der Gnade des Schicksals. Wenn wir damit hadern, wüten oder sogar daran verzweifeln, dann sitzen wir in der Opferfalle.

Wie groß ist dein Kontrollwunsch? Wann ist der Zeitpunkt gekommen, an dem du sagst: Okay, es ist, wie es ist – ich lebe damit? Wie ideal soll dein Leben sein, bis du aufhörst, zu ackern und zu rennen? Wir hoffen, dass Kontrolle uns inneren Frieden bringt. Doch Kontrolle ist eine Illusion. Nur wenn wir unsere fehlende Kontrolle akzeptieren, finden wir Frieden.

» *Wir hoffen, dass Kontrolle uns inneren Frieden bringt.*
Doch Kontrolle ist eine Illusion.
Nur wenn wir unsere fehlende Kontrolle akzeptieren,
finden wir Frieden.

Annehmen, was wir nicht ändern können oder wollen

Ich habe mich viele Jahre mit dieser Thematik auseinandergesetzt, mein Buch »Innerlich frei« dazu geschrieben und erlebe ständig neu aus der Nähe, wie viel innere Freiheit und Stärke Menschen zuwächst, wenn sie loslassen und annehmen. Womit haderst du im Moment? Mit dem Leben, mit anderen, mit dir selbst? Mal angenommen, du würdest es annehmen: Was wäre anders? Wir können erst bei uns ankommen, wenn wir aufhören, uns im »Noch-nicht«-Stadium zu fühlen, im »Nicht-genug«-Lebensgefühl. Und dann, wenn wir uns selbst, andere Menschen und das Leben annehmen mit dem, was sich nicht ändern lässt, so werden wir innerlich frei und gelassen.

Das hat nichts mit resignieren zu tun. Allerdings gehört ein möglicherweise etwas ungewohnter Umgang mit unerfüllbaren Wünschen dazu, um eine neue Haltung zu entwickeln: das Loslassen von bestimmten Wünschen.

Was tun mit unerfüllbaren Wünschen?

Es gibt Wünsche, die belasten. Warum? Weil sie unerfüllbar sind. Wenn wir trotzdem weiter daran festhalten, schränken sie uns ein und binden Energie. Nehmen wir mal als Beispiel Paarbeziehungen. Es gibt Dinge, die wünscht man sich von seinem Partner, er erfüllt sie aber nicht. Er guckt am Abend fern, anstatt zu reden, und kümmert sich partout nicht um seine Persönlichkeitsentwicklung. Was tun? Loslassen! Das Festhalten an Wünschen, die der Partner oder die Partnerin offensichtlich nicht erfüllen kann oder will, ist ein Beziehungskiller. Nach rund 25 Jahren Krisenberatung, Coaching und Therapie gehe ich sogar einen Schritt weiter und sage: Sie sind *der* Beziehungskiller Nummer eins.

Denn jeder Mensch verfolgt seine eigenen Entwicklungsziele. Gut, manchmal tut jemand etwas der anderen Person zuliebe, aber viel öfter klappt das nicht auf Dauer. Was bringt es, an den Erwartungen weiterhin festzuhalten, sich jeden Tag aufs Neue zu ärgern und stumme oder laute Vorwürfe zu machen? Oder nach immer neuen Wegen zu suchen, den anderen doch noch zu überzeugen? Oder zu verzweifeln und zu resignieren? Zu allem Überfluss erfährt der andere dadurch auch noch, dass offensichtlich etwas nicht richtig ist an ihm.

Wie aber kann man nun mit solchen Wünschen umgehen, die sich offensichtlich nicht erfüllen – sowohl Wünsche an andere Menschen als auch Wünsche an sich selbst und das Leben? Vor allem, wenn sie ein Mäkeln, Jammern, Hadern, Grübeln und Gedankenkreisen auslösen? Von denen man aber auch nicht lassen kann? Ich schlage dir dafür nochmals eine Logosynthese-Übung vor. Ich erlebe immer neu, wie jemand danach die Schultern zuckt: »Tja, geht halt nicht, was soll's?« Es tritt Ruhe ein, und die Person kann sich wieder mit den Dingen beschäftigen, die eigentlich anstehen. Interessanterweise erfüllen sich Wünsche, vor allem an andere Menschen, manchmal gerade dann, wenn man nicht mehr daran festhält – die andere

Person fühlt das Freigelassenwerden und kann sich wieder öffnen. Aber das kann nicht die Intention sein, denn wäre das Loslassen nicht echt.

Die Übung ist ziemlich anspruchsvoll, denn du variierst bei den drei Sätzen, die du schon kennst, den dritten Satz: Dort formulierst du die Tatsache, dass sich der Wunsch – möglicherweise – nicht erfüllt. Das ist ungewohnt, und wenn du einen Wunsch nicht loslassen willst, ist das natürlich in Ordnung, dann lass die Übung einfach weg. Wenn du jedoch gerade offen bist zu sehen, was mit deinem Wunsch passiert, könnte die Übung interessant für dich sein.

Unerfüllbare Wünsche loslassen

Was für Wünsche und Erwartungen hast du, die sich seit Langem nicht erfüllen, an denen du aber trotzdem festhältst?

Sammele diese Wünsche in deinem Self-Care-Journal, mit einer Liste.

Dass er sich öfter bei mir meldet / dass ich endlich schlank und sportlich bin / immer weiter jung und ohne Falten zu sein / dass sie sagt, dass sie mich liebt
Markiere den Wunsch, der bei dir die schwierigsten Gefühle auslöst und dich am stärksten belastet, weil er nicht in Erfüllung geht.
Wie stark ist die Belastung, die durch die Nichterfüllung dieses Wunsches bei dir entsteht? Auf einer Belastungsskala von 0 bis 10. Welche Gefühle, Gedanken und Körperempfindungen belasten?

Sage die drei Sätze der Logosynthese, setze im ersten und im zweiten Satz den Wunsch jeweils als Auslöser ein – nach jedem Satz mit der Wirkungspause:
Satz 1: »Ich nehme all meine Energie, die gebunden ist in dem *Wunsch, dass … und allem, wofür er steht*, an den richtigen Ort in mir selbst zurück.«
Satz 2: »Ich entferne alle Fremdenergie in Zusammenhang mit dem *Wunsch, dass … und allem, wofür er steht*, aus allen meinen Zellen, aus meinem Körper und aus meinem persönlichen Raum und schicke die Energie dorthin, wo sie hingehört.«

Satz 3: Variiere die Formulierung und nimm die Tatsache, wie die Realität aussieht. Also: »Ich nehme all meine Energie, die gebunden ist in allen meinen Reaktionen auf die *Tatsache, dass … [dieser Wunsch nicht in Erfüllung geht]*, an den richtigen Ort in mir selbst zurück.«
Was ist jetzt mit dem Wunsch?

Welche Belastung ist jetzt da, auf einer Skala von 0 bis 10?

Was erlebst du körperlich? emotional? gedanklich?

Trinke Wasser.
Stell dir probeweise Folgendes vor: Was wäre in der Zukunft ohne diesen Wunsch in deinem Leben anders – welche Gefühle, Gedanken, Haltung, Einstellung, welches Verhalten?

Beobachte in der nächsten Zeit, was jetzt anders ist.

Das Loslassen von unerfüllbaren Wünschen ist ein wichtiger Baustein für Self Care: Wenn wir mit dem Leben und unserem Schicksal hadern und immer noch irgendwo anders hinwollen, als wir jetzt sind, dann kommen wir nicht in der Realität und damit bei uns an. Doch nur dort sorgen wir gut für uns.

Im Annehmen finden wir zudem immer neue Möglichkeiten zu wachsen, denn das Leben stellt uns unsere Entwicklungsaufgaben.

Lerngeschenke

Wir können zum Beispiel lernen und annehmen, dass wir
- nicht alles erreichen können,
- nicht immer weiter jung sein werden,
- nicht selbstverständlich gesund sind,
- nicht alles Leid der Welt verhindern können,
- nicht in einer gerechten Welt leben,
- nie ganz angekommen sind.

Ja, wir sind tatsächlich nie ganz und gar angekommen. Sonst wären wir erleuchtet. Es gibt höchstens Plateaus, auf denen wir uns mal ausruhen, genießen und uns über Erreichtes freuen können. Aber dann kommt die nächste Herausforderung. Wer anderen erzählt, wir könnten irgendwann im Dauerglück oder in der perfekten Self Care ankommen, übersieht etwas. Und wer das glaubt, ist irgendwann frustriert. Denn sobald wir die Antwort haben, ändert das Leben die Frage. Entwicklung geht immer weiter.

» *Sobald wir die Antwort haben, ändert das Leben die Frage. Entwicklung geht immer weiter.*

In der Abendseite im Self-Care-Journal gibt es deshalb auch diesen Impuls zum Lerngeschenk des ausklingenden Tages:

Wenn du alles, was du erlebst, als Lernerfahrung betrachtest, bist du überhäuft mit Geschenken. Bei unangenehmen Erfahrungen ist das jedoch nicht so leicht. Es gibt einen schönen Leitsatz für die Haltung zu schwierigen Lernerfahrungen, der mir manchmal hilft: Wenn der Tag nicht dein Freund war, war er dein Lehrer. Dieser Satz berührt mich immer wieder neu. Ich finde ihn tröstlich am Abend eines Tages voller ungebetener Herausforderungen.

» *Wenn der Tag nicht dein Freund war, war er dein Lehrer.*

Nimm einen tiefen Atemzug:
Wo sind meine Gedanken?
Welche Emotion ist da?
Was sagt mein Körper?

7
DEINE
SEELE
ENTFALTEN

Wenn wir über Körper und Psyche hinausgehen, gelangen wir jenseits dessen auf ein weiteres Feld, das auch zu uns gehört, aber oft vernachlässigt wird. Dort geht es um Fragen wie »Was ist mein persönlicher Sinn?« und »Was will ich beitragen?«. Wenn wir unsere Seele entfalten, leben wir das richtige – unser – Leben.

Am Ende unseres Lebens fragen wir uns alle: War mein Weg richtig? Hinterlasse ich eine Spur? Habe ich aus vollem Herzen gelebt und geliebt? Das können wir uns auch schon heute fragen. Und dadurch den Fokus auf das richten, was letztlich die Essenz von Selbstfürsorge ist: Bei uns und beim Wesentlichen ankommen. Und ein Leben, das vom Wesentlichen aus geführt wird, ist erfüllt. Doch wie finden wir diese ganz persönliche Quelle?

Die Seele

Quer durch die Epochen und Kulturen prägt seit Jahrtausenden die Idee einer unsterblichen Essenz das Selbstverständnis der Menschen. Zugleich müssen wir bei diesem Thema mit einer Unschärfe leben. Die Existenz der Seele lässt sich jedenfalls mit wissenschaftlichen Methoden nicht recht nachweisen, und so hat die Wissenschaft das Interesse an ihr verloren. Doch 70 Prozent der Deutschen glauben an die Existenz einer Seele. Was glaubst du?

Jenseits von Glaubensfragen und auch jenseits von Gewissheiten schlage ich vor, hier die Seele als Metapher für ein inneres Streben nach Sinn zu sehen. Dann könnten wir uns darauf einigen, dass wir im Einklang mit unserer Seele unsere Lebensaufgabe möglichst umfassend verwirklichen und im Fluss mit dem sind, was unsere Bestimmung ist. Menschen, die das verwirklichen, sieht man es oft an: Sie wirken im Einklang mit sich, sind voller Lebensenergie und strahlen eine tiefe Freude aus. Andersherum: Wenn wir unser Wesentliches *nicht* verwirklichen und dementsprechend gegen das Streben unserer Seele leben, erschwert das nach meiner Erfahrung vieles im Leben: Ich sehe Menschen, die nicht im Einklang mit sich zu sein scheinen. Sie mühen sich dann sehr ab und wirken dabei rastlos, getrieben, unglücklich und in ihrer Lebensenergie geschwächt. Wie können wir unsere Seele entfalten?

Reichtum und Dankbarkeit

Das Gefühl von Reichtum kann eine Basis sein, um sein Wesentliches zu verwirklichen. Wir können unterscheiden zwischen einer Haltung des Mangels oder einer Haltung des »Genug«. Ebenso wie ein Familienvater am Existenzminimum kann auch eine mehrfache Millionärin ständig das Gefühl haben, nicht genug zu haben. Innerer Reichtum kann mit Geld zu tun haben, muss aber nicht. Ein Gefühl der Fülle im gesamten Leben kann auch unabhängig vom Kontostand das Gefühl von Reichtum erzeugen. »Es reicht nicht« ist der Ausdruck innerer Armut – »Ich habe genug« des inneren Reichtums. Beides ist relativ.

 »Es reicht nicht« ist der Ausdruck innerer Armut –
»Ich habe genug« des inneren Reichtums. Beides ist relativ.

Es kommt darauf an, mit wem wir uns vergleichen, wie wir bewerten – und vor allem, wie wir uns dabei fühlen. Und da kommt die Dankbarkeit ins Spiel: Wenn du Dankbarkeit empfindest, erlebst du, dass alles, was du für ein reiches Leben brauchst, schon eingetreten ist. Du realisierst, dass du beschenkt bist und im Reichtum lebst – und nicht erst irgendwann dort ankommst. Du trittst in einen Raum der Fülle ein, in dem umso leichter noch mehr Bereicherndes in dein Leben kommen kann, auf allen Ebenen.

Wenn wir dagegen bitten und darauf hoffen, dass etwas eintreten möge, so bestärken wir nur das Bewusstsein, dass das Gewünschte noch nicht da ist. Wir leben gegenwärtig im Mangel, der gewünschte Reichtum liegt in der Zukunft. Und dieses Mangelgefühl ist in unserer Konsumgesellschaft der Normalzustand. Unsere wachstumsorientierte Wirtschaft basiert darauf: Die Werbung legt uns nahe, dass es einen Mangel gibt. Dann zeigt sie uns, wie wir diesen Mangel beenden können: indem wir etwas kaufen und dann besitzen. Die Befriedigung durch das »Haben« hält eine Weile, dann tut sich ein neuer Mangel auf, den wir wiederum durch neuen Besitz befriedigen. Und so weiter. Wie empfinden es also als normal, Mangel durch »Haben« zu beenden, wenn auch nur vorübergehend. Lernen wir hier etwas Neues: dass wir schon im Reichtum sind und nicht noch mehr brauchen.

Indem du in deinem Self-Care-Journal bei der Morgen- und Abendseite aufschreibst, wofür du dankbar bist, tust du schon das Wichtigste, um dich bereichert zu fühlen und immer mehr Reichtum zu entdecken. Vor allem wenn du das zur Gewohnheit werden lässt.

Danke

Womit, wodurch, durch wen fühlst du dich beschenkt und bereichert?
Notiere mindestens drei Dinge, es können aber ruhig mehr sein. Details, große
Ereignisse und Geschenke, Lerngeschenke.

Fühle deine Dankbarkeit für die Dinge, die du notiert hast.
*Der laue Sommerabend / die sanfte Luft auf meinem Gesicht / der unerwartete
Anruf von E. / dass C. mich gestern in unserem Telefonat beruhigt hat / der lustige
Nachbar mit diesen schrägen Witzen / dass ich mich nicht mit der Erkältung
angesteckt habe / dass ich liebevolle Menschen kenne / mein wunderschönes Kind,
immer und immer wieder / die gute Schokolade vorhin*

Bedingungsloses Glück

Wir können noch mehr für unseren inneren Reichtum tun: Lassen wir den
Gedanken los, dass Glück an ein schönes Haus, elegante Kleidung, jugendli-
ches Aussehen, viel Geld oder Gesundheit geknüpft sei! Ich möchte das nicht
beliebig auf Extrembeispiele ausweiten, auch nicht auf Beziehungen, aber
grundsätzlich werden wir durch diese Haltung frei, uns unabhängig von äußeren Bedingungen glücklich zu fühlen. Es geht nicht darum, zu bekommen, was man will, sondern darum, zu wollen, was man bekommt.

> » *Es geht nicht darum, zu bekommen, was man will,
> sondern darum, zu wollen, was man bekommt.*

Das Ziel ist dabei nicht Entbehrung, sondern, den gefühlten inneren Mangel
zu beenden. Wenn man Dinge kauft und sich an ihnen erfreut, ist das Motiv
dahinter entscheidend. Viele Teilnehmende in meinen Seminaren erleben
sofort mehr innere Freiheit und Leichtigkeit, wenn sie mithilfe der Übung
zum ersten Mal wagen, ihr Glück von den Bedingungen zu trennen.

Bedingungslos glücklich

Denke an dich selbst, wenn du glücklich bist: Was brauchst du für dein Glück?
Lege drei bis fünf Karten aus mit Themen, Dingen, Bedingungen, die du für dein Glück brauchst.

- Spare Beziehungen aus.
- Wenn dir »Geld« in den Sinn kommt, finde das, was du mit dem Geld machen willst, und lege stattdessen das als Karte aus.

Mein Kaffee am Morgen / zwei Mal im Jahr Urlaub / meine helle, ruhige Wohnung / schön aussehen / mein Computer/morgens im Wald joggen
Widme dich nun jeder Karte einzeln:

- Brauchst du diese Karte wirklich?

- Wie wäre es ohne sie?

- Welche Emotionen löst die Vorstellung aus, ohne die Karte auszukommen?

- Was macht es ggf. schwierig, sie wegzulassen?

Versetze dich in das Gefühl, gut ohne sie auszukommen. Wenn dir das gelingt, entferne die Karte aus dem Feld.
Arbeite, wenn du magst für jedes Thema mit Logosynthese und nimm die jeweilige Karte als Auslöser, zum Beispiel: »*Das Bild von mir in meiner schönen Wohnung*« / »*Die Vorstellung, ewig schön zu bleiben*« / »*Das Bild meines Gartens*«.
Räume nach und nach möglichst alle Karten weg, aber nur, wenn es sich stimmig für dich anfühlt.
Frage dich auch im Alltag, bevor du etwas haben bzw. kaufen willst:
Brauche ich es wirklich?

So wirst du immer unabhängiger und innerlich freier: Du musst dich weniger mit Konsum oder anderen Formen des Habenwollens beschäftigen, brauchst dadurch zum Beispiel auch weniger Geld, musst dadurch weniger arbeiten bzw. hast mehr Geld zur Verfügung, etwa zum Spenden oder Sparen für deine Altersvorsorge. Weniger haben wollen – mehr sein.

» *Weniger haben wollen – mehr sein.*

Doch was ist mit dem Geld? Was meinst du, warum ich angeregt habe, es in der Übung nicht direkt als Karte zu legen, sondern die Dinge zu finden, für die du es brauchst? Weil Geld neutral ist.

Geld sinnvoll einsetzen

Mit Geld kann man das Gift kaufen, das einen Menschen tötet. Mit Geld kann man die Ärztin bezahlen, die einem Kind das Leben rettet. Also können wir gleich aufhören, einfach nur »mehr Geld« haben zu wollen, sondern uns lieber genauer fragen, wofür wir es benötigen. Mit der Übung »Bedingungslos glücklich« hast du herausgefunden, was du alles *nicht* brauchst – und wofür du dementsprechend auch *kein* Geld benötigst. Jetzt kannst du erkunden, wofür du dein Geld sinnvoll einsetzen willst. Mit dieser Frage betrachtest du Geld auf der Ebene der persönlichen Entwicklung, nicht als etwas, das du *haben* willst. Hier sind ein paar Ideen, wie Geld im Zusammenhang mit Self Care steht:

Wir können unseren persönlichen Sinn in der Regel besser verfolgen, wenn wir genug Geld haben und finanziell freier sind. Und manchmal ist es auch schlicht eine Geldfrage, ob wir gut für uns sorgen können. Es gibt zwar viele Möglichkeiten für Selbstfürsorge, auch ohne Geld. Für anderes jedoch brauchen wir Geld: so etwa bei Krankheit, im Alter, wenn wir weniger arbeiten oder meist auch, ruhiger und schöner wohnen wollen. Und wenn es uns Freude bereitet, anderen etwas Gutes zu tun und wir dadurch auch gut für uns sorgen, dann benötigen wir vielleicht Geld für Spenden.

Das Wesentliche leben

Lebst du aus vollem Herzen? Was ist dein Wesentliches im Leben? Was macht dich im Kern aus? Wenn du zu dieser Essenz findest, wird dein Leben um so vieles leichter. Es sind nicht einfach Arbeitsüberlastung und Tempodruck, die zum Burn-out führen. Wenn du dein Wesentliches lebst, richtest du dich wie von selbst auf Freude und Flow aus und ignorierst unwichtige Dinge. Für das, was uns und unserer Bestimmung entspricht, verfügen wir über nahezu unerschöpfliche Kräfte. Deine Seele ist dann entfaltet.

Deine Lebensaufgabe

Natürlich ist für jede und jeden von uns dieses »Wesentliche« etwas anderes. Du musst es auch nicht so nennen. Klingt zum Beispiel »Lebensaufgabe« für dich passender – oder gerade mehr nach Druck und harter Arbeit? Wie wäre es dann mit Berufung, Bestimmung, Essenz, Mission, Sinn? Wie auch immer du es nennen magst: Ich stelle dir hier einige Ansätze vor, mit denen du deine Lebensaufgabe finden kannst. Und das heißt noch lange nicht, dass sie dann bis zu deinem Lebensende gilt. Es ist eine Momentaufnahme, und wer weiß, vielleicht gibt es in zwei, drei Jahren etwas anderes für dich zu tun?

Zuerst einmal können wir uns an den Anfang unseres Lebens begeben und nach vorn blicken: Kannst du dich erinnern, wer du warst, bevor die Welt dir erzählt hat, wer du sein solltest?

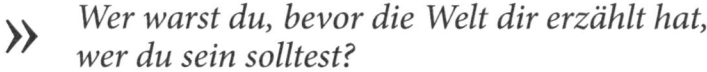 *Wer warst du, bevor die Welt dir erzählt hat, wer du sein solltest?*

Wenn du einen Zugang zu dieser Identität findest und dir das vorstellst, kannst du mit dieser Ahnung vorausblicken und dich fragen: Was würde das für mein Leben bedeuten? Wie wirkt es sich aus?

Wir können die Perspektive auch in die andere Richtung erweitern, indem wir vom Lebensende aus zurückblicken. In meinem Buch »Wenn morgen mein letzter Tag wär – So finden Sie heraus, was im Leben wirklich zählt«[1] vermittle ich, wie wir unser Wesentliches finden können, wenn wir uns die Begrenztheit unseres Lebens vergegenwärtigen. Das Wissen und vor allem das Fühlen der Endlichkeit hilft dabei, sich nicht zu verzetteln, sondern fokussiert zu bleiben. Alle diese Zugänge zur Lebensaufgabe kannst du nun in der Übung anwenden. Es kann hilfreich sein, wenn du es lässig angehst: eine Viertelstunde darüber nachsinnen reicht ja erst einmal.

Lebensaufgabe

Erinnere dich an eine frühere Situation, in der du vollkommen im Fluss, im Einklang mit dir selbst und verbunden mit der Welt warst. Geh in die Situation:

- Wann und wo ist das?

_____

- Was ist da, was passiert und wer ist eventuell dabei?

_____

- Wie nimmst du dich selbst wahr? Gedanken, Emotionen, Körperempfindungen, Tun?

_____

- Wer bist du also, und was sagt das über dein Wesentliches aus?

_____

Stell dir vor: Du bist am Ende deines Lebens angekommen, sitzt im Schaukelstuhl auf der Veranda und blickst auf dein Leben zurück:

- Was war wichtig?

_____

- Was war unwichtig?

_____

- Welche Spur hast du hinterlassen?

- Wenn du in diesem Schaukelstuhl einen Brief an jemanden schreiben würdest, bevor es zu spät ist: Was für ein Brief wäre das? Wem würdest du was schreiben?

Einen Liebesbrief / einen beziehungsklärenden Brief / einen Abschiedsbrief

Was ist deine wichtigste Weisheit, die du weitergeben willst?

Beantworte die drei Fragen mit jeweils ein bis drei Sätzen:
- Was macht dir Freude?

- Was kannst du gut?

- Was willst du geben?

Schreibe einen Kernsatz: »Meine Lebensaufgabe ist …, und ich verwirkliche sie in meinem Leben, indem ich ….«

Freude als Kompass

Die Emotion der Freude ist ein Geschenk. Nicht nur, weil man sich dabei gut fühlt. Tief empfundene Freude kann ein Kompass für das Wesentliche im Leben sein. Freude zeigt, wohin wir unsere Seele entfalten können: Wo die Freude ist, geht es weiter.

>> *Wo die Freude ist, geht es weiter.*

Diese Freude empfinden wir insbesondere dann, wenn wir im Fluss sind, zeitvergessen im Tun aufgehen und vollkommen auf eine Tätigkeit konzentriert sind, weder über- noch unterfordert. Das ist der »Flow«[2], ein umfassend erforschter, hochgestimmter Zustand. Wir haben ihn alle erlebt – als Kinder. Später geht vieles davon verloren, weil wir in engen Zeitgrenzen unter nicht gerade Flow-fördernden Bedingungen in der Schule und im Beruf arbeiten. Dennoch können wir bemerken, wann sich bei einer Tätigkeit tiefe Freude einstellt – egal, ob beruflich oder privat. Das ist unser Kompass.

Für den einen bedeutet Freude: »Wenn ich mit meiner Band Musik mache«, eine andere erzählt: »Wenn ich mit meinem Sohn bastle und werke«, und eine Dritte sagt mit leuchtenden Augen: »Wenn ich ein neues Konzept für unser Beschwerdemanagement entwickle«. Worauf freust du dich heute? Was ist also dein Fokus? Notiere das jeden Tag auf deiner Morgenseite.

Fokus – Freude, Morgenseite

Fokus – Freude

Die wichtigste Sache, die du heute tun willst und auf die du dich freust.
Fühle kurz diesen Fokus und die Freude, die damit verbunden ist.

Zusätzlich kannst du einen feststehenden Fokus-Satz ergänzen – gedacht oder aufgeschrieben –, der dich daran erinnert, dich auf deine Lebensaufgabe zu fokussieren.
Fokus-Satz: »Ich aktiviere meine Essenz für den heutigen Teil meiner Lebensaufgabe.«
Sprich oder schreibe den Satz auf und fühle ihn.

Ich verwende bei dem Fokus-Satz den Begriff »Essenz«, aber du kannst auch ein anderes Wort wählen, wenn das mehr Bedeutung für dich hat, zum Beispiel: »wahres Selbst« oder »Wesenskern«. Ich denke oder sage den Satz oft nur, wenn ich morgens nicht so viel Zeit habe. Wie auch immer du es nennst, es geht um die große Idee, die dich durch deine Tage begleitet, dir Kraft gibt und dich an deinen immensen Wert für das große Ganze erinnert: Denn die Welt braucht das, was nur *du* ihr geben kannst.

» *Die Welt braucht das, was nur*
DU ihr geben kannst.

Wenn du nun mehr darüber herausgefunden hast, wozu du hier bist, was zurzeit deine Lebensaufgabe ist und wobei du tiefe Freude empfindest, kannst du noch mehr dafür tun, um dein Wesentliches in deinem Alltag auch wirklich zu leben.

Die eine Sache

Bei der Übung weiter oben – »Lebensaufgabe« – gibt es einen Kernsatz mit einem Lückentext: »Meine Lebensaufgabe ist … , und ich verwirkliche sie in meinem Leben, indem ich … .« Wie lautet dieser Satz bei dir? Das Verwirklichen der Lebensaufgabe ist natürlich nicht so einfach, und im schnellen Alltag mit machtvollen ablenkenden Kräften kann es deshalb hilfreich sein, dich auch mal sehr handfest zu fokussieren: mit konkreten Handlungen für den Tag, die Woche, den Monat.

Beschrifte Kärtchen, Haftnotizen oder Papierstreifen –
für jeden der sieben Punkte – und befestige sie so, dass du
sie zwischendurch siehst: an einer Wand, einer Schranktür
oder einem Spiegel:

1. Meine Lebensaufgabe ist:

_____

2. In fünf Jahren habe ich dafür getan:

_____

3. In einem Jahr habe ich dafür getan:

_____

Tausche ab hier die Zettel öfter aus.
4. In einem Monat habe ich dafür getan:

_____

5. In einer Woche habe ich dafür getan:

_____

6. An diesem Tag habe ich dafür getan:

_____

7. In der nächsten Stunde habe ich dafür getan:

_____

Das ist dann eine ganz konkrete Fokussierung, es wirkt fast technisch und ist nicht für jede und jeden das Richtige. Und manchmal hat man auch noch keine Antwort. Dann lass die Felder leer. Es kann dennoch ein guter Anker sein, wenn dich die Notizen erinnern, über deinen Weg nachzudenken. Die folgende Übung »Zukunftsfeld« wirkt mit einer subtilen Herangehensweise in deinem ganzen System – Körper, Geist, Seele –, ohne dass du dafür täglich »arbeiten« musst.

Das Zukunftsfeld öffnen

Das »Zukunftsfeld« kann dir helfen, dich von Blockaden auf deinem Entwicklungsweg zu befreien und das zu leben, was du aus vollem Herzen willst. Du kannst es für alle möglichen Themen anwenden, die du weiterentwickeln willst. Wenn du mithilfe dieses Buches bisher gute Erfahrungen mit Logosynthese gemacht hast oder wenn dir die Methode durch ein Seminar oder ein Coaching bereits vertraut ist, probiere die Übung am besten mit Logosynthese aus. Sie ist aber auch ohne dies geeignet, um dir Blockaden bewusst zu machen und sie zu entkräften. Bewerte dabei nicht, so merkwürdig dir manche Wahrnehmungen auch erscheinen mögen. Wir können uns so vieles nicht erklären – macht nichts: funktioniert trotzdem.

Zukunftsfeld

Überblicke den Raum, in dem du gerade bist: Er ist dein Feld für diese Übung.
Finde in diesem Feld einen Gegenwartspunkt, den Punkt, an dem du zurzeit bist. Markiere ihn mit einer Karte, einem Zettel, einem Stift etc.
Stell dich auf diesen Gegenwartspunkt und nimm wahr, wie es dort ist: Gedanken, Emotionen, Körperempfindungen?

Finde einen Zukunftspunkt im Raum, wo deine Lebensaufgabe oder ein Teil davon ist und zu dem es dich hinzieht: einen verlockenden Punkt, bei dem du gewachsen sein wirst – weiter, freier, größer als heute. Lege auch dort eine Markierung hin.
Stell dich auf diesen Punkt und untersuche, wie es dort ist.

Geh zurück zum Gegenwartspunkt. Bewege dich nun sehr langsam in Richtung Zukunftspunkt und nimm alle Irritationen wahr, die währenddessen auftauchen: Gibt es etwas, das dich blockiert, zurückhält, einschränkt, bremst? Zum Beispiel ein Glaubenssatz, eine Stimme, ein Erinnerungsbild, eine Körperwahrnehmung wie »bleischwere Füße« oder eine plötzliche Schwäche.

Es geht nicht darum, schnell und unbedingt anzukommen, sondern darum, möglichst alles Einschränkende wahrzunehmen.

Stell dir vor, dass diese Wahrnehmungen sich auflösen, falls Logosynthese für dich jetzt nicht passt.

Logosynthese: wenn du mit Logosynthese arbeiten willst, nimm jeweils die aktuelle Wahrnehmung als Auslöser und setze sie in die drei Sätze der Logosynthese ein, wie immer mit einer Wirkungspause zwischen den Sätzen:

Satz 1: Ich nehme all meine Energie, die gebunden ist in *dieser Wahrnehmung* … an den richtigen Ort in mir selbst zurück.

Satz 2: Ich entferne alle Fremdenergie in Zusammenhang mit *dieser Wahrnehmung* … aus allen meinen Zellen, aus meinem Körper und aus meinem persönlichen Raum und schicke die Energie dorthin, wo sie hingehört.

Satz 3: Ich nehme all meine Energie, die gebunden ist in allen meinen Reaktionen auf *diese Wahrnehmung* … an den richtigen Ort in mir selbst zurück.

Was ist jetzt mit der Wahrnehmung?

Wie ist jetzt die Belastung von 0 bis 10? Was erlebst du körperlich? emotional? gedanklich?

Wenn der Auslöser keine Rolle mehr spielt, geh weiter. Mache weitere Durchgänge mit Logosynthese, jedes Mal, wenn ein weiterer Auslöser auftaucht, der dich zurückhält, blockiert, einschränkt, bremst.

Wenn du beim Zukunftspunkt ankommst, stell dich auf den Punkt und prüfe wie es jetzt dort ist und was das für dein Leben bedeutet.

Räume die Karten weg. Trinke Wasser.

Beobachte in deinem Alltag in der nächsten Zeit: Was ist anders? Gedanken, Emotionen, Körperempfindungen?

Leuchten

Wenn ich mit Menschen über ihren persönlichen Sinn, ihre Lebensaufgabe und die Entfaltung der Seele spreche, höre ich immer mal wieder: »Was habe *ich* denn schon zu geben?« Jemand blickt dann auf andere Menschen, die Großes vollbringen und die Welt verändern, und fühlt sich daneben unwichtig. Doch das Licht, mit dem du die Welt erhellst, kann groß oder klein sein, die Größe spielt keine Rolle. Es geht einzig darum, dass du leuchtest.

Wenn wir bei den »großen« Beispielen näher hinsehen, erkennen wir auch, dass sie zur richtigen Zeit am richtigen Ort das Richtige taten, was dann mit viel Glück zu den großen Auswirkungen führte. Martin Luther King hat mit seiner Rede »I have a dream« Millionen erreicht, weil die Zeit reif dafür war. Mit ihm hat Rosa Parks gewirkt, die in den 1950er-Jahren ihren Platz im Bus nicht für einen Weißen räumte und dadurch zu einer Ikone der Bürgerrechtsbewegung in den USA wurde. Auch Rosa Parks hatte Glück, denn sie blieb zum richtigen Zeitpunkt auf ihrem Platz im Bus sitzen – vorher hatten dies auch schon andere getan, ohne weltweit beachtet zu werden.

Jemand pflegt vielleicht seit Jahren voller Liebe und Hingabe die bettlägerige Mutter, erhellt mit diesem Licht die Welt, auch wenn es kaum jemand bemerkt oder anerkennt. Doch es ist das gleiche Leuchten, und wer sind wir, das eine Leuchten höher zu bewerten als das andere? Lass dein Licht leuchten, so unbedeutend du es finden magst. Denn es ist auch dein Licht, das die Welt erhellt.

» *Es ist auch dein Licht,*
das die Welt erhellt.

Die eigene Spiritualität

Wenn es eine Seele gibt, könnte sie an eine größere Kraft angeschlossen sein. Nenne es wie du willst: die Quelle, das Göttliche, das Universum, das Leben. Alles, was wir um uns wahrnehmen – die Entwicklung der Erde, der Natur, aller Lebewesen, unseres Körpers –, spricht jedenfalls dafür, dass dies Teil eines größeren Ganzen ist. Solche spirituellen Gedanken sind sehr individuell, und ich finde es wichtig, dass du deine eigene Haltung dazu möglichst vorurteilsfrei entwickeln kannst, und das ist heute nicht so leicht.

Ich selbst arbeite seit rund 25 Jahren als Psychologin, davon zehn Jahre in der ambulanten Krisenintervention. Dort habe ich so ziemlich alle Arten von – oft existenziellen – menschlichen Krisen kennengelernt. Mit Schicksalsschlägen, schwerer Krankheit, Armut und Gewalterfahrungen bis hin zu Notfällen mit Selbst- oder Fremdgefährdung. Ich habe in dieser Zeit gelernt, eine höhere Kraft jenseits unserer selbst zu erkennen. Zudem hatte ich selbst mit Mitte 20 den Krisengipfel einer jahrzehntelangen Krankheit hinter mir. Mit dieser Krankheit und auch in fast jeder abendlichen Dienstzeit der Krisenberatung habe ich neu erfahren, dass Menschen mit etwas fertigwerden müssen, das sie nicht wollten, nicht entschieden haben und kaum – oder gar nicht – bewältigen können.

Ich muss dann wegklicken, wenn ich im Internet auf die vielen Texte stoße, die sich auf Spiritualität berufen, aber realitätsfern, abgehoben oder versponnen wirken, Prophezeiungen verkünden und damit unrealistische Hoffnungen schüren. Es ist oft deutlich, dass viele mit ihren überzogenen Heilsversprechen nicht halten können, was sie versprechen. Sie wollen Menschen auf der Suche nach Orientierung anziehen, verwenden dann die Worte »Spiritualität« und »spirituell« inflationär und behaupten Dinge ohne Beleg als allgemeingültig: »Wir treten in ein neues Zeitalter ein, in dem die Welt jetzt von Altem gereinigt wird.« Woher weiß diejenige das? Wer hat ihm das erzählt? Wo hat sie es gelesen? Welche Quelle nutzt sie?

Ich denke, gerade das kann Menschen davon abhalten, ihre ganz eigene Spiritualität zu entwickeln. Ich treffe immer wieder auf Menschen, die sich nach einem erfüllten Leben sehnen, aber nicht mehr offen für spirituelles Denken und Erleben sind, weil sie es als realitätsfern empfinden und Widerstände gegen alles Spirituelle aufgebaut haben. Doch man muss aktuelle Hypes nicht mitmachen und kann sich trotzdem um seine ganz persönliche Spiritualität kümmern.

Spiritualität definieren

Ich habe deshalb eine bodenständige Spiritualität für mich definiert, die vor allem erfahrungsorientiert ist und nicht auf Glaubenssystemen basiert. Für dieses Verständnis können wir uns der Spiritualität auch mal mithilfe von öffentlichen Definitionen in Lexika und anderer Fachliteratur nähern, wo sie eher rational beschrieben wird.

Nach diesen Definitionen geht es bei Spiritualität um alles, was wir jenseits des wissenschaftlich erforschbaren Körpers und der Psyche sind. Spiritualität – aus dem Lateinischen von Geist, Hauch, Atem abgeleitet – bedeutet eine auf Geistigkeit ausgerichtete Haltung und Weltanschauung. Das muss nicht an eine Religion gebunden sein. Spiritualität ist einfach die Beschäftigung mit Sinn- und Wertfragen des Daseins in einer suchenden Haltung, mit einer Bewusstheit über die Verbundenheit mit anderen, der Natur, der Welt und dem Göttlichen in irgendeiner Form. Ausdrücken kann sie sich in allem, was mit Achtsamkeit, Zuwendung, Hingabe oder Bewusstheit ausgeführt wird. Letztlich ist damit alles, was dir in diesem Buch begegnet und was du damit tust, gelebte Spiritualität: Spiritualität als individuelle Lebenspraxis, die die Seele – das wahre Selbst und die Lebensaufgabe – ins Leben integriert, und zwar für jeden auf seine und ihre ganz eigene Weise. So weit die verschiedenen Definitionen.

Nachdem wir das Thema analytisch betrachtet haben, magst du zum Abschluss deines Self-Care-Weges deine eigene Spiritualität beschreiben? Ich bin durch meine Erfahrungen davon überzeugt, dass jeder Mensch seine eigene spirituelle Wirklichkeit erfahren soll. Früher definierte eine religiöse Autorität im Auftrag der Gemeinschaft das Göttliche. Heute gibt es niemanden außer uns selbst, der das für uns tun kann – keine Religion, kein Guru, keine spirituelle Lehrerin. Zugleich verhindert das logische Denken der Wissenschaft, dass wir noch unbehindert glauben können, denn die Wissenschaft fordert für alles Beweise. Nein, das Göttliche, die höhere Kraft, das große Ganze wird erst real für uns, wenn wir nicht mehr nur darüber nachdenken, sondern es unmittelbar erfahren – im Tun, in der persönlichen Entwicklung, im Leben.

Aufgrund dessen können hier Blitzantworten wieder einmal die beste Strategie sein, um nicht ins Grübeln zu verfallen – angesichts der doch recht umfassenden Fragen. Schreibe einfach zu jeder Frage einen Satz als Antwort auf – was dir als Erstes in den Sinn kommt, und was deshalb noch nah mit deiner unmittelbaren Erfahrung verbunden ist.

Was ist Spiritualität für dich, bzw. was könnte sie für dich sein?

Was ist der Sinn deines Lebens?

Was oder wer lenkt dein Leben?

Woher kommen wir?

Wohin gehen wir? Was ist, wenn dein Leben zu Ende ist?

Jetzt, wo du dich selbst diesen Fragen genähert hast, kann ich auch von mir erzählen, denn ich will dich bei deiner Klärung nicht zu sehr beeinflussen. Also, bitte lies das Nachfolgende unter den Vorzeichen, dass es *meine* Erfahrung und Beschreibung von Spiritualität ist. Mehr nicht.

Meine Spiritualität

Ich sage von mir, dass ich sehr spirituell bin, ohne dass ich das sonderlich nach außen trage. Ich erlebe Spiritualität als etwas sehr Intimes, und wie eine Liebe ist es nichts, was ich ins Licht der Öffentlichkeit kehren wollte. Doch hier könnte es sinnvoll für *dich* sein.

Genau in der Zeit, als ich nicht im Außen, bei Lehrern, in Büchern und wissenschaftlichen Nachweisen suchte, sondern die Hoffnung auf Gewissheiten aufgab und mich auf meine innere Wahrnehmung konzentrierte, habe ich meine ganz eigene, unbeeinflusste und freie Spiritualität gefunden. Auch Logosynthese als System für persönliche und spirituelle Entwicklung hat mir dabei geholfen. Mit der Grundfrage »Was ist meine Lebensaufgabe und was hindert mich daran, sie zu leben?« habe ich nach und nach mit immer mehr Blockaden und Hemmnissen aufgeräumt, die mich von innerer Freiheit abgehalten haben – und konnte damit das »große Ganze« überhaupt spirituell wahrnehmen.

Für mich hat Spiritualität also nichts mit Glauben zu tun, bei mir ist es ein Erfahren des »großen Ganzen«, der lenkenden Kraft, der Verbundenheit mit der Quelle oder Essenz, die in allem wirkt. Ich erfahre das in meiner Verbundenheit mit anderen Menschen, mit allen Lebewesen und mit der Welt. Ich erfahre es in der Natur, in der ich die Schönheit oft voller Ehrfurcht erlebe, am eindrücklichsten in den Bergen, aber auch etwa wenn die Wildgänse im Herbst über den Himmel ziehen. Ich erfahre es in jeder einzelnen Beziehung, wenn ich das Wesen des anderen erkenne, seine Ausstrahlung und Schönheit, das Leuchten, mit dem jede, jeder die Welt erhellt.

Ich erfahre das große Ganze auch in dem, was an Situationen und Lernaufgaben auf mich zukommt, besonders wenn ich ihren Sinn erkennen und offen willkommen heißen kann. Ich erfahre es, wenn ich andere Menschen mit ihren Problemen sehen kann, ohne mich von ihnen abgelehnt oder zu etwas gedrängt zu fühlen. Dann muss ich mich nicht aufregen und kann die andere Person weiterhin vom Standpunkt der Liebe und des Mitgefühls aus sehen.

Selbst die Fragen, wo ich herkomme und wo ich hingehe, sind für mich eher eine Erfahrungs- und weniger eine Glaubensfrage: Ich bin nach vielen anderen Leben in dieses Leben gekommen, und so wird es wohl nach meinem Tod auch weitergehen. Ich fühle mich im Fluss des Lebens, der eingebettet ist in dieses große Ganze. Also, ein Abschlusssatz: Spirituell zu sein bedeutet für mich, innerlich frei, in Liebe, Vertrauen und Verbundenheit im Fluss des Lebens zu sein und mich als Teil eines großen Ganzen zu erleben.

 Spirituell zu sein bedeutet für mich, innerlich frei, in Liebe, Vertrauen und Verbundenheit im Fluss des Lebens zu sein und mich als Teil eines großen Ganzen zu erleben.

WORLD CARE

Nicht im Außen, sondern in uns finden wir das, was uns ausmacht und womit wir in der Welt im Fluss sein können. Die Fülle, die Kraft und den inneren Frieden, nach dem wir uns sehnen. Unsere Weisheit, unseren Kompass fürs Leben. Die Freude an erfüllten Beziehungen und am Geben. Unser Wesentliches. Du selbst bist der Ausgangspunkt von allem. Sorge für dich, denn du bist wertvoll.

» *Sorge für dich, denn du bist wertvoll.*

Und trotzdem ist es in schlechten Zeiten manchmal schwer, nach dem zu leben, was wir in guten Zeiten wissen. Du hast vielleicht auch während des Lesens in diesem Buch erlebt, dass du Self Care nicht immer gut umsetzen konntest oder kein Raum dafür war. Da ist es wichtig, eines im Kopf zu behalten: Diese Zeiten haben wir alle, ich auch. Dann kämpfe ich einfach nur mit der E-Mail-Flut in meinem Posteingang und jammere abends, dass alles zu viel ist. Doch ich bleibe auch sanft mit mir.

Auch du kannst sanft bleiben, wenn du eine Zeit lang nicht gut für dich sorgen kannst. Ich hoffe, dass dir das Buch oder eine der Übungen dann helfen kann und du damit wieder auf den Weg kommst. So gehst du auf der Entwicklungsspirale voran, und wenn du an einem Punkt vorbeikommst, der dir gleich erscheint wie vor drei Jahren, so bist du doch längst ein paar Runden weiter, und es ist eben doch nicht derselbe Punkt. Man steigt nie zweimal in denselben Fluss.

» *Man steigt nie zweimal in denselben Fluss.*

Mit dieser Haltung kannst du auch das größere Ganze erkennen: Je weniger ausgebrannt, verausgabt und erschöpft du bist, je besser du für dich sorgst, je eigenwilliger, innerlich freier und selbstliebender du wirst, desto mehr kannst du auch geben. Dadurch entstehen Freude und Sinn. Du begegnest der Welt mit Liebe. Und so kann ich zum Abschluss sagen: Self Care ist World Care. Sorge für dich, denn die Welt ist wertvoll.

> *Self Care ist World Care. Sorge für dich, denn die Welt ist wertvoll.*

Wenn du dieses Buch als Start deiner Reise siehst und in ein paar Bereichen tiefer gehen willst, oder wenn du bei deiner persönlichen Entwicklung Hilfestellung brauchst, dann besuche mich auf meiner Webseite. Du weißt ja: Entwicklung geht immer weiter. Sobald du die Antwort hast, ändert das Leben die Frage. Es gibt noch so viel mehr zu entdecken und zu entwickeln. Für uns alle, für dich. Ich freue mich auf dich.

Ulrike, im November 2018
www.ulrike-scheuermann.de

DANKE

Ich danke den Lehrerinnen und Lehrern meines Lebens, den Menschen, die mich erkannt, gefördert und begleitet haben und die mir etwas Besonderes für meine Selbstfürsorge und damit auch für dieses Buch gegeben haben.

Schon immer: meinen Eltern, die mein Leben lang so gut für mich und meine Schwester sorgen.

Seit 22 Jahren: meinem Mann Jobst, der auch in schwierigen Zeiten immer da ist, mit seinen Kindern und deren Familien. Danke für deine Liebe und Sorge.

Seit 15 Jahren: meinem, unserem Sohn mit seinem wunderschönen, freundlichen und ausgeglichenen Wesen, von dem ich so viel lerne – zum Beispiel, es auch mal gut sein zu lassen.

Seit 12 Jahren: meinem Lehrer Dr. Willem Lammers, der mein psychologisches und spirituelles Denken, auch mit der von ihm entwickelten Logosynthese®, tiefgreifend geprägt und inspiriert hat.

Seit 6 Jahren: meinem Business-Sparringspartner, Freund und Autorenkollegen Emanuel Koch – wir haben diesmal fast zeitgleich unsere Bücher fertig geschrieben und uns dabei sehr geholfen.

Seit 5 Jahren: Christin Aannerud, wir arbeiten gemeinsam intensiv an unserer persönlichen Entwicklung und sie ist darüber längst zur innigen Freundin geworden.

Ich danke vielen weiteren Menschen, von denen ich Aspekte der Selbstfürsorge gelernt habe, so etwa Annette Auch-Schwelk, Inge Bell, Mike Fischer, Tanja Fläxl, Sefanie Greilinger und Dr. Ulrich Bach, Angelika Gulder, Dr. Monika Hein, Beate Humann, Dr. Sylvia Löhken, Philipp J. Müller, Cemal Osmanovic, Gisela Holtmann-Scheuermann und Karl-Heinz Holtmann, Gert Schilling und Angelika Wolpert, Dr. Tamara Schmidt.

Menschen aus meinem Team helfen mir ganz direkt dabei, selbstfürsorglich zu sein, indem sie mich bei meiner Arbeit unterstützen, so etwa Selin Sensan, Anna Troyan, Bettina Kreissl-Lonfat, Jakob Bach.

Christin Aannerud, Emanuel Koch, Katrin Volkmann und Dr. Willem Lammers danke ich für ihre große Hilfe mit ihrem Feedback in der Manuskriptphase.

Thomas Stahl hilft mir seit zwei Jahren mit seinem vorbildlichen Coachingprogramm für Marketing, Digitalisierung und Automatisierung dabei, langfristig meine *esencia Akademie* zu bauen und umfassende CrossMedia-Angebote für meine Teilnehmenden zu schaffen. Auch das ermöglicht mir auf lange Sicht mehr Self Care.

Und ich danke Silvia Vrablecova von Knaur: meiner Lektorin, die mich und das Buch auch dieses Mal wieder so inspirierend, voller Hinwendung und Freude begleitet hat. Danke!

Meinem Verlag, der Verlagsgruppe Droemer Knaur und dem gesamten Verlagsteam danke ich für die Möglichkeit, dieses wunderbare Buchprojekt gemeinsam zu realisieren, und für die im gesamten Publikationsprozess so beeindruckend hohe Qualität der Arbeit, in die spürbar die Erfahrungen aus über 150 Jahren Verlagsgeschichte einfließen.

ANHANG

Self-Care-Übungen für jeden Tag

Hier findest du einige Self-Care-Übungen, die du gut für jeden Tag nutzen kannst. Du musst keine Meditationswoche buchen oder alle Termine absagen, um gut für dich zu sorgen. Es geht darum, *in* deinem Leben zu erblühen, nicht erst beim Aussteigen. Wie wäre es, mit zwei oder drei Übungen zu starten? Welche sprechen dich am meisten an?

Selbstwahrnehmung

Nimm einen tiefen Atemzug: Wo sind deine Gedanken? – Welche Emotion ist da? – Was sagt dein Körper?

Pulsatmen

Puls finden – Körper spüren – Atem beobachten – Puls- und Atemrhythmus zum Pulsatmen verbinden. Zum Beispiel: Einatmen: 3 – Halten: 2, Ausatmen: 5 – Halten: 1 – Körperimpuls entdecken

Atem-Blitzlicht

Sieben Sekunden innehalten: Dem Ausatem tiefer als sonst folgen, bis du ganz ausgeatmet hast – Abwarten – den Einatem von selbst in die Lungen einströmen lassen

Self-Care-Journal

MORGENSEITE

Danke
Fokus – Freude
Lieben – Geben
Das Wichtigste
Meine Gedanken

ABENDSEITE

Danke
Lernen
Loslassen
Das Wichtigste
Meine Gedanken

Die Welt umarmen

Denke an eine Person, die dich sehr liebt – spüre ihre Liebe beim Einatmen –
lass deine Liebe beim Ausatmen zu der Person fließen – weite das Gefühl der
Liebe auf weitere Menschen in deinem Umfeld aus – weite deine Liebe auf alle
Lebewesen in der Welt und auf die ganze Welt aus.

Das Self-Care-Programm –
die Übungen im Überblick

Ulrike Scheuermann steht für einen sanften und nachhaltigen Weg der persönlichen Entwicklung. Die Diplom-Psychologin kombiniert moderne Konzepte aus Medizin und Psychologie sowie Philosophie und Spiritualität zu einem neuartigen Lebensstil. Sie hilft seit rund 25 Jahren Menschen, die sich tiefgehend persönlich entwickeln und Selbstwert und Sinn finden wollen.

Gestresste Vielbeschäftigte und verausgabte HochleisterInnen begleitet sie von Erschöpfung, Depression und Burn-out zu stabilem Selbstwert, gestärkter Lebensenergie und Gelassenheit – mit ihren Bestsellern, Vorträgen und in ihrer *esencia Akademie* mit CrossMedia-Programmen zu Self Care, live und online.

Vor ihrem Psychologiestudium hat sie Medizin studiert und als junge Psychologin zehn Jahre in der Krisenintervention gearbeitet, bevor sie als Unternehmerin startete. Sie lebt mit ihrer Familie in Berlin.

Bei DroemerKnaur sind bereits zwei Bestseller von ihr erschienen: »Wenn morgen mein letzter Tag wär« und »Innerlich frei«.
www.ulrike-scheuermann.de

Auf der Buch-Website www.selfcare-programm.de kannst du das Self-Care-Journal beziehen – eigens als Begleitung zu diesem Buch gestaltet. Außerdem alle Belege zu den zitierten Studien und weitere Medienempfehlungen, Videos, einzelne Übungen aus dem Buch als Audiodateien und weitere Downloadmaterialen.

Meine Empfehlungen für Bücher und andere Quellen

Hier habe ich dir meine Leseempfehlungen zu den Kapitelthemen zusammengestellt.

DEIN WEG ZU DIR SELBST

1   Neff, Kristin: *Selbstmitgefühl. Wie wir uns mit unseren Schwächen versöhnen und uns selbst der beste Freund werden.* München 2012.

1 DEINEN KÖRPER LIEBEN

1   Kast, Bas: *Der Ernährungskompass: Das Fazit aller wissenschaftlichen Studien zum Thema Ernährung – Mit den 12 wichtigsten Regeln der gesunden Ernährung.* München 2018. William, Anthony: *Medical Food: Warum Obst und Gemüse als Heilmittel potenter sind als jedes Medikament.* München 2017.
2   Schneider, Maren: *Achtsamkeit für Einsteiger.* München 2016.
3   Müller-Oerlinghausen, Bruno/Kiebgis, Gabriele Mariell: *Berührung: Warum wir sie brauchen und wie sie uns heilt.* Berlin 2018.

2 DEINE GEFÜHLE HEGEN

1   Heimes, Silke: *Warum Schreiben hilft: Die Wirksamkeitsnachweise zur Poesietherapie.* Göttingen 2012.
2   Lammers, Willem: *Selbstcoaching mit Logosynthese. Blockaden auflösen, Krisen bewältigen.* München 2012.
3   Zampounidis, Anastasia: *Für immer zuckerfrei: Meine Glücksrezepte.* Köln 2018.
4   Mayer, Emeran: *Das zweite Gehirn: Wie der Darm unsere Stimmung, unsere Entscheidungen und unser Wohlbefinden beeinflusst.* München 2016.
5   Li, Qing: *Die wertvolle Medizin des Waldes: Wie die Natur Körper und Geist stärkt.* Reinbek 2018.

3 ERHOLSAM VIEL SCHLAFEN

1   Kostenlose Software, um die Displayfarben von Computer und Mobilgeräten tageszeitabhängig automatisch auf ein wärmeres Farbspektrum einzustellen und Blautöne zu vermeiden. *www.justgetflux.com*

2   *Calm. Die App für Meditation, Achtsamkeit und besseren Schlaf.* www.calm.com

3   Smith, Michael Acton: *Calm. Gelassen werden und die Welt verändern.* München 2016.

4 DEINEN RAUM GESTALTEN

1   Richardson, Cheryl: *Sei dir wichtig: Extreme Self Care.* Berlin 2015.

2   Koch, Emanuel: *Die positive Kraft des Zweifelns: Unsicherheit als Erfolgsfaktor.* Berlin 2019.

3   Arvay, Clemens G.: *Der Heilungscode der Natur. Die verborgenen Kräfte von Pflanzen und Tieren entdecken.* München 2016.

5 DEINE VERBUNDENHEIT STÄRKEN

1   Scheuermann, Ulrike: *Innerlich frei: Was wir gewinnen, wenn wir unsere ungeliebten Seiten annehmen.* München 2016 / Hörbuch 2016.

2   Brown, Brené: *Verletzlichkeit macht stark. Wie wir unsere Schutzmechanismen aufgeben und innerlich reich werden.* München 2013.

3   Grant, Adam: *Geben und Nehmen. Warum Egoisten nicht immer gewinnen und hilfsbereite Menschen weiterkommen.* München 2016.
Klein, Stefan: *Der Sinn des Gebens. Warum Selbstlosigkeit in der Evolution siegt und wir mit Egoismus nicht weiterkommen.* Frankfurt/M. 2011.

6 DEINE GEDANKEN BEFREIEN

1   Gladwell, Malcolm: *Überflieger: Warum manche Menschen erfolgreich sind – und andere nicht.* München 2010.

7 DEINE SEELE ENTFALTEN

1   Scheuermann, Ulrike: *Wenn morgen mein letzter Tag wär. So finden Sie heraus, was im Leben wirklich zählt.* München 2013 / Hörbuch 2019.
2   Csíkszentmihályi, Mihály: *Flow. Das Geheimnis des Glücks.* Stuttgart 2017.